任正非：
以奋斗者为本

冠良◎著

TAKE THE STRIVING AS THE BASE

海天出版社
HAITIAN PUBLISHING HOUSE

·深 圳·

图书在版编目（CIP）数据

任正非：以奋斗者为本 / 冠良著. — 深圳：海天
出版社，2018.6（2021.12重印）
　（任正非华为管理精华系列）
　ISBN 978-7-5507-2212-5

　Ⅰ．①任… Ⅱ．①冠… Ⅲ．①通信企业－企业管理－
经验－深圳 Ⅳ．①F632.765.3

中国版本图书馆CIP数据核字(2017)第284413号

任正非：以奋斗者为本
RENZHENGFEI：YI FENDOUZHE WEIBEN

出 品 人　聂雄前
责任编辑　涂玉香
责任技编　陈洁霞
封面设计　元明·设计

出版发行　海天出版社
地　　址　深圳市彩田南路海天综合大厦（518033）
网　　址　www.htph.com.cn
订购电话　0755-83460239（邮购、团购）
设计制作　深圳市知行格致文化传播有限公司　Tel：0755-83464427
印　　刷　深圳市晶宇印刷有限公司
开　　本　787mm×1092mm　1/16
印　　张　16
字　　数　250千
版　　次　2018年6月第1版
印　　次　2021年12月第6次
定　　价　58.00元

　　放眼世界 500 强企业，九成的中国企业是靠物料、中国内需市场等优势挤入排行，但华为，却是靠技术创新能力，以及海外市场经营绩效获得今天的成就。它的技术研发能力，也超越一般人对中国企业的想象。

　　华为拥有 3 万项专利技术，其中有四成是国际标准组织或欧美国家的专利。《经济学人》指出，华为已是电信领域的知识产权龙头企业。

　　华为是怎样做到的？

　　对这个问题，任正非给出的答案是："华为 20 年的炼狱，只有我们自己和家人才能体会。这不是每周工作 40 小时就能完成的。"

　　一个 70 多岁的商业思想家，10 多位 40 岁出头的战略企业家，几千位 30 ～ 40 岁的中高层管理者，率领着 17 万 20 ～ 30 岁的以中高级青年知识分子为主体的知识型劳动大军，行走在全球五大洲的每个角落。

　　华为在"知识工作者"的管理方面是成功的：大学本科学历以上的

知识分子人群在华为17万名员工中占据了80%以上，这个比例从创业以来一直没有多大变化。

当把17万名知识型人才聚集在一起的时候，你才会深切地感到，尽管技术很重要，资本很重要，但更重要的还是在"以奋斗者为本"的人力资源管理上。

只有奋斗者才是企业的真正财富，华为公司的本质就是一个以奋斗者为本的文化体系。华为的以奋斗者为本，体现在方方面面。

"以奋斗者为本"一定要有制度保障。企业人力资源和干部管理的制度、政策都是以奋斗者来定位的，各项工作紧紧围绕、聚焦在奋斗者群体上。

华为战无不胜的秘诀是什么？是培养一大批勇于冲锋、敢于胜利的干部人才。那么，如何培养这些奋斗者，本书将带你深入探究华为神秘的管理体系。

随着人们对华为研究的不断深入，越来越多的人发现，华为人之所以能够在不到30年的时间里完成从白手起家到成为世界第一的蜕变，并且持续走向高效，其根源就在于华为公司这些年来在管理上所取得的一系列重大突破。而推动这些变革的华为管理者，他们的意志、品质和视野，他们带队伍、担责任、创效益的行动力，以及在工作中所积累的宝贵经验、教训和方法，都是华为公司能够不断攀越巅峰的基本保证。

华为是如何以奋斗者为本，如何管理17万名知识型员工的？带着这样的疑问，我们深入探究了华为的内部治理，高度整合了华为从诞生至今的各种规章、指令、内部报刊及讲话等资料，系统地分析了华为管理者带队伍的管理案例和手段。通过深入剖析他们带领团队的方式和方法，更清楚地挖掘出其行为背后真正属于华为管理者的管理思维，并将这些思维与国内外先进的管理思想相结合，全面地呈现在本书中。

目 录 CONTENTS

第 **1** 章

以奋斗者为本

CHAPTER 1

"苦"后有什么？有成就感、收入有改善、看着公司前进方向有信心……这就是新的东西、这就是吸引员工的地方。

不可能为不奋斗者支付什么

有一段时间，网上有关"华为强迫 45 岁员工提前退休"的传言被传得沸沸扬扬，对此，华为方面似乎也没有专门做过什么正式回应。

不过，任正非近期在一次与尼泊尔代表处员工座谈的讲话中，却对上述传闻进行了明确的表态：华为是没有钱的，大家不奋斗它就垮了，不可能为不奋斗者支付什么。

现在已过 73 岁、依然奋斗在业务一线的任正非非常瞧不起那些年轻力壮却不努力奋斗的人。他直言不讳地批评说："30 多岁年轻力壮，不努力，光想着躺在床上数钱，可能吗？"

在这次内部讲话中，任正非专门谈到了华为年轻员工提前退休这个网上传言，他说："网上传有员工 34 岁要退休，不知谁来给他们支付退休金？我们公司没有退休金，公司是替在职的员工买了社保、医保、意外伤害保险等。你的退休得合乎国家政策。你即使离职了，也得自己去缴费。否则就中断了，国家不承认，你以后就没有养老金了。"

他甚至动情地设问："当然，你们也可以问在西藏、玻利维亚、战乱和瘟疫地区英勇奋斗的员工们，他们爬冰卧雪、含辛茹苦，问问他们愿不愿意为你们提供养老金，因为这些地区的奖金高，可否分点给你？"

　　为此，任正非还专门举了华为内部一个真实的例子。他说：春节期间我去了拉美，这次跑的都是小国，深刻体会到拉美员工的艰难。两个相邻国，应该一脚就迈过去了，因经济落后，没有直达飞机。结果要转3次飞机，每次飞40～50分钟，到一个机场等2～3个小时，再飞一小时，再转一次飞机，从下午飞，到第二天天亮才能到，而且全是经济舱。

　　所以，任正非再次强调："员工乘经济舱连续飞行40多个小时，他们这么辛苦，哪里愿意挤出钱来养那些不想干活的人。"

　　华为不是养老院，而是市场化的私人企业，在公司上班就必须兢兢业业，干了几年就想提前退休享福或者当"混世魔王"，这怎么可能呢？

　　回顾华为从创立到现在，一直是以奋斗者为本，不为不奋斗者买单。

　　1994年，刚刚加入华为不到两年的李杰被调任另一岗位负责营销，任正非在大会上问他：你们一年多能跑多少个县？李杰拍脑袋回答：500个吧！任正非说："那我就按500个限定指标，你们去跑。"于是，10多个人，开着公司配备的五六部三菱吉普和两台奥迪车，从深圳开赴中国各地的县邮电局，推广华为刚刚研发出来的局用交换机，每个县差不多3天，每个人跑了四五十个县，用了不到两年时间，跑了500个县，形成了几尺厚的客户资料……这大概是全球通信制造史上绝无仅有的事例，以致时任邮电部部长吴基传在邮电部的大会上，要求干部们学习华为……

　　华为的成功，许多人归功于中国政府的支持，实际上，最支持任正非的是 17 万名华为员工。因为任正非用了中国企业中史无前例的奖酬分红制度，99% 的股票，都归员工所有，任正非本人所持有的股票只占了 1%，造就了华为式管理的向心力。

　　全员持股是股权激励中风险较大的一种，但其收益也是显著的。当时，华为推动全员持股的行为，可以说是"敢为天下先"。它直接成为华为崛起的支柱。时至今日，华为仍然奉行着全员持股这一举措。华为内部股权激励始于 1990 年，至今已进行了 4 次大的股权激励。

　　1998 年正式出台的《华为公司基本法》之于华为是一份纲领性和制度性的文件，是华为价值观的总结，代表着任正非本人的管理思想。多年来，内容部分曾做过修订，但涉及员工持股的价值分配章节的内容，却一字未动过。

　　在《华为公司基本法》第一章第四部分第十七条中，可以找到华为关于员工持股的纲领性的陈述：我们实行员工持股制度。一方面，普惠认同华为的模范员工，结成公司与员工的利益与命运共同体；另一方面，将不断地使最有责任心与才能的人进入公司的中坚层。

　　这个表述契合了合伙人制度中的几个关键概念：一是模范员工；二是利益与命运共同体；三是中坚层。

　　在分配的时候，企业家应该得多少呢？劳动者又该得多少呢？这与企业所处的阶段有关系。

华为给员工的好处就是"苦"

华为给员工的好处就是"苦"，没有其他。"苦"后有什么？有成就感、收入有改善、看着公司前进方向有信心……这就是新的东西，这就是吸引员工的地方。华为奋斗在非洲的各级骨干大多数是"80后""90后"，他们是有希望的一代。

2007年8月，为转播奥运圣火的采集，中国移动决定在珠穆朗玛峰海拔5200米、6500米处采用华为设备建设移动通信基站，并要求11月底必须开通。珠穆朗玛峰气候恶劣，天气变幻莫测，海拔5200米处大气含氧量相当于平原地区的50%，6500米处大气含氧量相当于平原地区的38%。4位华为人，加上司机，带着特制的御寒衣物、登山专用鞋、拐杖和充足的干粮，开始了"世界屋脊"的艰难跋涉。"头晕、头痛、嘴唇发肿、起泡溃疡、吃不香睡不着是典型的症状""同事中有一人连续两天流鼻血"，在海拔6300米的营地休息，"恍惚中半夜惊醒，发现头上结的全是冰疙瘩……"

在如此极端恶劣的环境下，经过奋战，华为3002E基站于2007年11月13日13时成功开通。至此，珠穆朗玛峰全部登山营地和所有登山路线实现移动网络全覆盖，而华为则创建了全球海拔最高的无线基站。

天道酬勤，功不唐捐，最重要的是行动。种子，会在你意想不到的时间和地点发芽结果。很多问题，不是靠想象就能解决的，你必须亲自去做，在行动中消除障碍。

华为 Fellow（公司级院士）孙立新在上研所 2013 年新员工大会上这样说道：

"我们的脑袋里总是装着很多想法，心中怀揣着很多理想。100 个人会有 100 种想法和理想。但想法再多，理想再多，最根本的还是在于行动，这与公司倡导的'天道酬勤'是一个道理。'功不唐捐'更平和一些，简单地说，不要总是想着付出就一定要回报，面对眼前的工作，实实在在去干，付出自己全部的努力，收获自然会有到来的那一天。

"我记得 2002 年，老余（华为消费者 BGCEO 余承东）硬着头皮要去欧洲做实验网。首先碰到的就是专利问题，前面我提到过德国沃达丰替西门子向华为提出警告，要我们签订协议。但为什么爱立信、诺基亚没有提出警告呢？不是他们心地善良，而是我们在还没有去做实验网之前，已与他们签署了专利协议。当时我印象很深刻，临走之前，老余对我说，我们无线专利有很多，把这些都打出来。

"我打印了全部专利，非常厚的一沓。说实话，当时我们都不懂如何去与别人谈判。在谈判现场，对方一开头就问我们：你们的专利能够与哪个标准对上？而专利不'对上'协议就没有许可价值。经过了这件事以后，我们才更深刻知道应该如何更好地写作专利。2003 年年初，爱立信终于邀请我们去签署 IPR 许可协议，在当时我们根本想都不敢想以后能与爱立信实现交叉。就是这样，我们经过一年又一年的努力，才达到了今天这个目标。当然，今天爱立信不再与我们签署协议了，之前的协议在 2012 年 12 月 31 日已经到期，我们一直在联络爱立信，希望继续签署，但爱立信不再回应，因为他们知道，一方面已经收不到我们的钱了，另一方面反而会担心因为签署协议的事，我们会在各个适合的机会进行客户宣传，这样的方式，会对他们非常不利。所以，他们就干脆不签署协议了。

"大家有机会到 3GPP（国际电信联盟）网站下载一些文稿，可以发现华为公司提交的提案和声明的专利数已经超过爱立信。所有这些都表明，只有自己亲自去做，并努力做了，踏实、坚定地走好自己的路，才会等到回报的那一天。功不唐捐，最重要的是行动。"

艰苦奋斗是任正非一直提倡并身体力行的行为准则，是华为创业成功的一大法宝，华为的创业史就是一部华为人的艰苦奋斗史。

任正非在其文章《华为的红旗到底能打多久》中这样写道：

华为由于幼稚走上了电子信息产业这条路。当我们走上这条路，没有退路可走时，我们付出了高昂的代价，我们的高层领导为此牺牲了健康。后来的人也仍不断在消磨自己的生命，目的是为了达到业界最佳。沙特阿拉伯商务大臣来参观时，发现我们办公室都是床垫，然后他把他的所有随员都带进去听我们解释这床垫是干什么用的。他认为一个国家要富裕起来就要有奋斗精神。奋斗需一代又一代人的坚持不懈。

任正非认为，华为给员工的好处就是"苦"，没有其他。任正非这样说道：

你在这个行业接触了很多美国科技公司，比如雅虎、谷歌，它们的员工很自由，有的可以在家里上班。雅虎新 CEO 说员工不能在家上班，还引起了很多内部的反对声音。你觉得类似这种文化，跟我们中国艰苦奋斗的文化，哪个更好，哪个更会激励人才？

咖啡厅里坐坐，快快乐乐，喝喝咖啡就把事情做成了，这也许可能不是大发明，多数是小发明。互联网上有很多小苹果、小桃子，这也是可能的。

我们在主航道进攻，这是代表人类社会在突破，厚积还不一定能薄发，舒舒服服的怎么可能突破？其艰难性可想而知。不眠的硅谷，不是也彰显美国人的奋斗精神吗？这个突破就像奥运会金牌。我们现在跟奥运会竞技没有什么区别。

在主航道，美国公司的很多企业领袖也是很辛苦的。真正成为大人物，付出的辛劳代价，美国人不比我们少。我和美国、欧洲公司的创始人在一起聊天，发现他们领导的文化也是艰苦的，真正想做将军的人，是要历经千辛万苦的。当然，美国多数人也有快乐度过平凡一生的权利。

1991 年 9 月，华为租下了深圳原宝安县蚝业村工业大厦三楼，决定集中全部资金和人力，开发生产华为品牌的新型用户程控交换机。此时，算上任正非等人在内，华为一共有 50 多名员工。大家把一层楼分隔为单板、电源、总测、准备 4 个工作区，仓库、厨房、宿舍也设在同层楼。宿舍很简陋，十几张床挨着墙一溜排开，床不够，就用泡沫板，在上面加床垫代替。整层楼没有空调，只有吊扇，所有人都经常汗流浃背。

条件虽然艰苦，但大家的干劲都很足。包括领导在内，实在太累了就趴在桌上，或在地上找张泡沫板、纸板，席地而卧，醒来接着干。有时睡到半夜，突然来车到货，不论是很重的蓄电池，还是机柜，大家都立即起来，卸完再睡。大多数人以此为家，领料、焊接、组装、调试、质检、包装、吃饭、上厕所，一直到睡觉都在这一层楼上。除了到外协厂及公司总部，不少人一连几天都不下楼，有时候连外面天晴天阴，有没有下雨都不知道。

据一名经历了这段创业生活的老华为人回忆，当时人手紧张，都是一个人做多个职位的活。当时没有包装工段，也没有搬运及包装临时工，设备测好后，临时叫上在场的几个人，不分工人、工段长或是经理，也不分是大专、本科毕业还是硕士、博士，一起包纸箱，装入木箱再钉上边角铁，然后四五个人一起抬起机柜箱，装车发货。一名新到的硕士毕业生，第一天上班就打包，手指被铁皮划破，鲜血喷出来，用止血胶布简单包扎后再接着干。

在经历了最艰苦的创业阶段后，任正非也没有忘记艰苦奋斗。他时刻提醒所有华为人，要牢记艰苦奋斗，身体力行艰苦奋斗。

针对有些学者提出的中国要尽快从"中国制造"走向"中国创造"的观点，任正非深有感触地说：

> 这些人忽略了创造是一个缓慢的过程，它所付出的心血是非常巨大的，而且是死了多少公司，才成功了少量的企业。华为20年的炼狱，只有我们自己和家人才能体会。这不是每周工作40小时就能完成的。华为初创时期，我每天工作16小时以上，自己没有房子，吃住都在办公室，从来没有节假日，

想想这是十几万人 20 年的奋斗啊！不仅仅是在职员工，也包括离职员工的创造。怎么可能会在很短的时间，每周只工作 40 小时，轻轻松松地就完成产业转换和产业升级呢？每周工作 40 小时，只能产生普通劳动者，不可能产生音乐家、舞蹈家、科学家、工程师、商人……

中国一家著名企业的总裁在回答一位美国企业家的提问"你们公司怎么在 30 年间做到了世界领先"时，答道："不，我们是 60 多年，因为我们每天是按 2×8 小时在工作……"

后退就意味着消亡

2017 年 6 月，任正非与中国地区部代表及主管座谈纪要：

我看了一个跟帖，有一段话我感触很深，他说："光是物质激励，就是雇佣军。雇佣军作战，有时候比正规军厉害得多。但是，如果没有使命感、责任感，没有这种精神驱使，这样的能力是短暂的。只有像正规军那样有使命感和责任感驱使才能长期作战。"我看了，觉得讲得很深刻，这样的员工有这样深刻的认识，很令人感动。

现在每个团队不是正在讨论吗，重新认识我们怎么胜利的呢？我们胜利的两个基础，一是方向要大致正确；二是组织要充满活力。我们一定要有正确的方向，正确的方向我们不一定能找得到，只能不断探索，方向大致正确就行。但组织的活力我们是有信心建立起来的，这就是精神文明，组织活力就是精神文明！有时候我们不是很清楚战略方向，但是要研究我们的优势，继续发挥优势往前走。为什么要放弃优势呢？时代是不可能跳跃前进的，不可能没有继承与发展的，我们只要不故步自封，对未来的胜利是有信心的。在这样的信心下进行一些改革，是有利于公司发展的。

2003 年 5 月，阿尔及利亚发生 6.8 级大地震，2000 多人死亡。地震一发生，西方公司的外籍人员便全部撤离，而华为的员工却一直坚守在本地。震后第 3 天，工程部的员工仍然按原计划完成了智能网的割接，极大地缓解了地震造成的通信资源紧张。

"最痛苦的记忆并非地震本身，而是地震之后手机打不通，听不到亲人朋友的声音的那种焦虑"，这是 2010 年 1 月智利大地震时，智利作家阿尔贝托·弗戈特笔下的感受。正是在这次 8.8 级的大地震中，33 岁的华为员工孙大伟和两位本地员工 Perez、Molina 带着柴油、水和食物，与逃离灾区的人群"逆流而行"，"心中是对未知的恐惧和不安，就像前面有一个巨大的黑洞在等待着自己……"但为了响应客户的需求，"每一个华为人都会拿出实际行动，让客户认可华为是值得信赖的伙伴……"孙大伟他们三人住在墙面裂开、地板翘起的酒店，以面包白水充饥，用游泳池的水洗漱，连续 5 天与客户一起抢修站点的故障设备，直到通信线路全面恢复正常……

军人出身的任正非喜欢谈论上甘岭战役：美军当年用电脑模拟推演，认为可以在一天内拿下阵地，可后来的结果却让美军大跌眼镜。原因在于电脑只能模拟常规性的东西，不可能模拟得出有人会去堵机枪眼，有人身上着火也会一动不动，这就是精神的力量。

华为任正非是如何打造狼性团队的？任正非借由对人性的深刻洞察，通过让基层有"饥饿感"、中层有"危机感"、高层有"使命感"的简单规则，感化出了一支敢打仗、能打仗、打胜仗的狼性团队。

让基层有"饥饿感"就是要让员工有企图心。什么是企图心？任正非说，就是让基层员工有对奖金的渴望、对股票的渴望、对晋级的渴望、对成功的渴望。华为公司在招聘新员工的时候，特别关注员工的成长背景，尤其钟爱出身寒门的学生。任正非曾明确要求人力资源部门多招聘经济不发达省份的学生。他认为，家庭困难的学生对改善自己的生存现状有强烈的渴望，这种渴望将会激发基层员工艰苦奋斗的精神。

华为公司很少招聘在大城市长大、家境富裕、衣食无忧、养尊处优的毕业生，因为他们往往个性自由、散漫、富于幻想，吃不了苦，受不了委屈，顶不住压力。他们即使加入了华为，也并不一定能深刻理解、接受和践行华为艰苦奋斗的文化。华为从不掩饰、毫不讳言"饥饿感"的氛围导向。任正非本人就曾在华为员工大会上问大家："2000 年后华为最大的问题是什么？"大家回答："不知道。"任正非告诉大家："是钱多得不知道如何花，你们家买房子的时候，客厅可以小一点、卧室可以小一点，但是阳台一定要大一点，还要买一个大耙子，天气好的时候，别忘了经常在阳台上晒钱，否则你的钱就全发霉了。"

任正非认为，对于组织的金字塔底部大量基层员工来说，"按劳取酬，多劳多得"是最现实的工作动机。"存天理，顺人欲"，华为的价值设计充分遵循了这一规律。"饥饿感"构成了基层员工中每个个体的"狼性"精神。

任正非表示："艰苦奋斗是华为文化的魂，是华为文化的主旋律。我们任何时候都不能因为外界的误解或质疑动摇我们的奋斗文化；我们任何时候都不能因为华为的发展壮大而丢掉了我们的根本——艰苦奋斗。"

对于不需要守在电脑旁的市场人员来说，其实也一样需要加班，只是地点不同。虽然他们看上去西装革履，满面春风，每天陪客户吃喝玩乐，但是同样面临极大压力，工作辛苦，压力大，生活没有规律，影响家庭。

任正非对员工以办公室为家的情况也很了解。早在 1996 年，他就曾在其题为《不要忘记英雄》的演讲中指出：

> 要逐步减少加班，使员工的身体健康得到保障。有了健康的身体，才有利于思想上艰苦奋斗。我们要对早期参加工作消磨了健康的员工、有卓越贡献而损害了健康的员工、对担子过重而健康不佳的高中级干部提供更好的疗养条件，使他们恢复健康。百年树人，不能因一时的干旱，毁坏了我们宝贵的中坚力量。

很多人认为华为的那种只顾进攻而不善于顾念人性的文化已经不合时宜。但是，一个不为大众所知的事实是，任正非从 2000 年开始就不大提"狼性文化"了。但任正非认为艰苦奋斗精神是华为文化的重要组成部分，它是华为文化的魂，是华为之所以能走到今天的最重要的推力，是华为无论何时何地都必须坚持不懈地持有的重要文化。

任正非表示："我们会不断改善物质条件，但是艰苦奋斗的工作作风不可忘记。忘记过去意味着背叛。我们永远强调在思想上艰苦奋斗。思想上艰苦奋斗与身体上艰苦奋斗的不同点在于：思想上艰苦奋斗是勤于动脑，身体上的艰苦奋斗只是手脚勤快。"

在华为创办近 20 年后，任正非重新强调"奋斗文化"这一主题，源于 2006 年的"胡新宇事件"。当胡新宇因加班而失去年轻生命的时候，人们不禁发出疑问，昔日曾笼罩在层层光环下的"狼性文化"过时了吗？因此任正非的这篇《天道酬勤》可谓是为时而作。他这样写道：

　　世间管理比较复杂困难的是工业，而工业中最难管理的是电子工业。电子工业有别于传统产业的发展规律，它技术更替、产业变化迅速，同时，没有太多可以制约它的自然因素。例如，汽车产业的发展，受钢铁、石油资源及道路建设的制约。而用于电子工业的生产原料是取之不尽的软件代码、数学逻辑。正是这一规律，使得信息产业的竞争要比传统产业更激烈，淘汰更无情，后退就意味着消亡。要在这个产业中生存，只有不断创新和艰苦奋斗。而创新也需要奋斗，是思想上的艰苦奋斗。华为由于幼稚不幸地进入了信息产业，我们又不幸学习了电子工程，随着潮流的一次次更替，被逼上了不归路。创业者和继承者都在销蚀着自己，为企业生存与发展顽强奋斗，丝毫不敢懈怠！一天不进步，就可能出局；三天不学习，就赶不上业界巨头，这是严酷的事实。

　　任正非分析说，华为之所以能在 2000 ~ 2003 年的 IT 泡沫破灭的艰难时期活下来，是因为华为当时在技术和管理上太落后，而这种落后让公司没能力盲目地追赶技术驱动的潮流。但是，如今西方公司已经调整过来，不再盲目地追求技术创新，而是转变为基于客户需求的创新，华为再落后就会死无葬身之地。再者，信息产业正逐步转变为低毛利率、规模化的传统产业。2005 年 10 月，爱立信收购马可尼；2006 年 3 月，阿尔卡特与朗讯合并；2006 年 6 月，诺基亚与西门子合并。这些兼并、整合为的就是应对这种挑战。而华为相对还很弱小，要生存和发展就必然面临更艰难的困境，只能用在别人看来很"傻"的办法，就是艰苦奋斗。

　　华为不战则亡，没有退路，只有奋斗才能改变自己的命运。

　　任正非指出，华为走到今天，在很多人看来已经很了不起了，已经很成功了。有人认为创业时期形成的"床垫文化"、奋斗文化已经过时了，可以放松一些，可以按部就班，这是很危险的。任正非表示："繁荣的背后，都充满危机。这个危机不是繁荣本身必然的特性，而是处在繁荣包围中的人的意识。艰苦奋斗必然带来繁荣，繁荣后不再艰苦奋斗，必然丢失繁荣。'千古兴亡多少事，不尽长江滚滚流'，历史是一面镜子，它给了我们多么深刻的启示。我们还必须长期坚持艰苦奋斗，否则就会走向消亡。当然，奋斗更重要的是思想上的艰苦奋斗，时刻保持危机感，面对成绩保持清醒头脑，不骄不躁。"

　　而这个繁荣，事实上也是华为人通过艰苦奋斗获得的。为了将这种繁荣维持下去，华为还必须继续奋斗下去。任正非表示：

　　　　我们在 GSM（全球移动通信系统）上投入了十几亿元（本书中涉及的货币后如无"美元"字样，均指人民币。——编者注）研发经费，多少研发工程师、销售工程师为之付出了心血、努力、汗水和泪水。在 1998 年我们就获得了全套设备的入网许可证，但打拼了 8 年，在国内无线市场上仍没有多少份额，连成本都收不回来。2G 的市场时机已经错过了，我们没有喘息，没有停下来，在 3G 上又展开了更大规模的研发和市场开拓，每年近 10 亿元的研发投入，已经坚持了七八年，因为收不回成本，华为不得不到海外寻找生存的空间……

　　　　一方面，自创立那一天起，我们历经千辛万苦，一点一点地争取到订单和农村市场；另一方面，我们把收入都拿出来投入到研究开发上。当时，我们与世界电信巨头的规模相差

200 倍之多。通过一点一滴锲而不舍的艰苦努力，我们用了 10 余年时间，终于在 2005 年，销售收入首次突破了 50 亿美元，但与通信巨头的差距仍有好几倍。最近不到一年时间里，业界几次大兼并：爱立信收购马可尼，阿尔卡特与朗讯合并，诺基亚与西门子合并，一下子使已经缩小的差距又陡然拉大了。我们刚指望获得一些喘息，直一直腰板，拍打拍打身上的泥土，没想到又要开始更加漫长的艰苦跋涉……

华为于茫然中选择了通信领域，是不幸的。这种不幸在于，所有行业中，实业是最难做的，而所有实业中，电子信息产业是最艰险的；这种不幸还在于，面对这样的挑战，华为既没有背景可以依靠，也不拥有任何资源，因此华为人尤其是其领导者将注定为此操劳终生，要比他人付出更多的汗水和泪水，经受更多的煎熬和折磨。唯一幸运的是，华为遇上了改革开放的大潮，遇上了中华民族千载难逢的发展机遇。

公司高层领导虽然都经历过公司最初的岁月，意志上受到一定的锻炼，但都没有领导和管理大企业的经历，直至今天仍然是战战兢兢，诚惶诚恐的，因为 10 余年来他们每时每刻都切身感悟到做这样的大企业有多么难。多年来，唯有以更多身心的付出，以勤补拙，牺牲与家人团聚的机会、自己的休息和正常的生活，牺牲了很多平常人都拥有的亲情和友情，损坏了自己的健康，经历了一次又一次失败的沮丧和受挫的痛苦，承受着常年身心的煎熬，以常人难以想象的艰苦卓绝的努力和毅力，才带领大家走到今天。

18 年来，公司高层管理团队夜以继日地工作，有许多高级干部几乎没有什么节假日，24小时不能关手机，随时随地都在处理随时发生的问题。现在，更因为全球化后的时差问题，总是夜里开会。我们没有国际大公司积累了几十年的市场地位、人脉和品牌，没有什么可以依赖，只有比别人更多一点奋斗，只有在别人喝咖啡和休闲的时间努力工作，只有更虔诚对待客户，否则我们怎么能拿到订单？

为了能团结广大员工一起奋斗，公司创业者和高层领导干部不断地主动稀释自己的股票，以激励更多的人才加入这从来没有前人做过和我们的先辈从未经历过的艰难事业中来。我们一起追寻着先辈世代繁荣的梦想，背负着民族振兴的希望，一起艰苦跋涉。公司高层领导的这种奉献精神，正是用自己生命的微光，在茫茫黑暗中，带领并激励着大家艰难地前行，不论前进的道路上有多少困难和痛苦，有多少坎坷和艰辛。

华为开发国内市场已然充满了艰辛，可是在进行海外市场的开拓时，才发现那里的竞争更加激烈，生存更加艰难。如果没有艰苦奋斗的精神，华为的国际化步伐将是寸步难行。而华为如今获得的国际化成就正源自无数华为人舍身忘己的奉献精神。

任正非表示：

中国是世界上最大的新兴市场，因此，世界巨头都云集中国。公司创立之初，就在自己家门口碰到了全球最激烈的竞争，我们不得不在市场的夹缝中求生存；当我们走出国门拓展国际市场时，放眼一望，所能看得到的良田沃土，早已被西方公司抢占一空，只有在那些偏远、动乱、自然环境恶劣的地区，他们动作稍慢，投入稍小，我们才有一线机会。为了抓住这最后的机会，无数优秀的华为儿女离别故土，远离亲情，奔赴海外。无论是在疾病肆虐的非洲，还是在硝烟未散的伊拉克，或者是地震后的阿尔及利亚以及海啸后的印尼……到处都可以看到华为人奋斗的身影。

有员工在高原缺氧地带开局，爬雪山，越丛林，徒步行走了 8 天，为服务客户无怨无悔；有员工在国外遭歹徒袭击头上缝了 30 多针，康复后又投入工作；有员工在飞机失事中幸存，惊魂未定又救助他人，赢得当地政府和人民的尊敬；也有员工在恐怖爆炸中受伤，或几度患疟疾，康复后继续坚守岗位。我们还有 3 名年轻的非洲籍优秀员工在出差途中飞机失事不幸罹难，永远地离开了我们……18 年的历程，10 年的国际化，伴随着汗水、泪水、艰辛、坎坷与牺牲，我们一步步艰难地走过来了，面对漫漫长征路，我们还要坚定地走下去。

这篇文章 2006 年 7 月 21 日刊发在华为公司内部刊物《华为人》报（第 178 期）头版头条，任正非在不断强调危机意识之时，再次重申华为企业文化的原点："不奋斗，华为就没有出路"。这也是对网络热炒"过劳死""床垫文化"等指责的非正式回应，同时，在内部员工层面实现了高度统一的认识。随着这篇文章很快流传开来，华为对"艰苦奋斗"精神的坚持很快赢得了社会公众的支持，而原先喧嚣于网络的指责之声也日渐沉寂了下去。一场公关危机从万夫所指到后来的逐渐平息，显示了任正非在处理企业危机时的果敢与坚决。

第 **2** 章

华为的奋斗观

CHAPTER 2

　　为客户创造价值的任何微小活动，以及在劳动的准备过程中为充实提高自己而做的努力均叫"奋斗"，否则，再苦再累也不叫"奋斗"。

以客户为中心的奋斗

为客户创造价值才是奋斗。我们把煤炭洗得白白的，但对客户没产生价值，再辛苦也不叫"奋斗"。两个小时可以干完的活，为什么要加班加点拖 14 个小时来干？不仅没有为客户产生价值，还增加了照明的成本、空调的成本，还吃了夜宵，这些钱都是客户出的，却没有为客户产生价值。

2008 年 11 月 26 日晚，印度孟买，沉闷的爆炸声，恐怖袭击。街头空无一人，商店关门，路上也没几辆车。凌晨时分，华为的员工却冒着危险，根据客户要求奔赴对方工作地点，开展产品升级计划，直到清晨五点半完成产品升级。

2011 年，日本"3·11"大地震引发海啸，东京余震不断，西方公司均在第一时间撤离，而华为日本公司的负责人阎力大（现任华为企业 BG 总裁）却认为"在危难时刻，我们要履行企业对社会的责任"，并用英文给全体员工写了一封长邮件，告知大家公司的决定和决定背后的依据，安全防范措施等。于是，一个令日本民众印象深刻的画面出现了：数万人从灾难中心撤离，华为的中方、日方员工却背着行李，从安全地带走进危险区……与此同时，亚太片区总裁王胜利也来到日本，董事长孙亚芳也赶赴日本，在频繁发作的余震中看望员工，与客户交流……

华为一位高管这样总结：

什么叫以客户为中心？不是成天向客户点头哈腰，而是忠实于网络的责任感，完成自己的本职工作。我们首先要充分感知客户的需求，在此基础上予以最大限度的满足。客户使用我们的设备建网络，我们理所当然地要及时、准确、优质、低成本地交付，并提供最好的服务。而当地震、战乱等极端困难发生时，我们只能与客户共渡难关，因为这时候网络最容易出问题。

奋斗，以客户目标为导向。任正非论述道："什么叫奋斗？为客户创造价值的任何微小活动，以及在劳动的准备过程中为充实提高自己而做的努力，均叫奋斗，否则，再苦再累也不叫奋斗。"

21世纪初，法国，波尔多，六月天。阿尔卡特董事长瑟奇·谢瑞克在自家的葡萄酒庄园接待来访的中国客人——华为总裁任正非。品过两种不同口感的红酒后，瑟奇·谢瑞克先生一改先前轻松的话题，说道："我一生投资了两个企业，一个是阿尔斯通，一个是阿尔卡特。阿尔斯通是做核电的，经营核电企业要稳定得多，无非是煤、电、铀，技术变化不大，竞争也不激烈；但通信行业太残酷了，你根本无法预测明天会发生什么，下个月会发生什么……"瑟奇·谢瑞克先生是业界广受尊重的实业家和投资家，阿尔卡特更是全球电信制造业的标杆公司。

21世纪初的华为，正处于艰难的爬坡阶段。"领路者"阿尔卡特的困惑与迷惘使任正非格外震惊。回国后，他向公司高层多次复述瑟奇·谢瑞克先生的观点，并提问：华为的明天在哪里？出路在哪里？

华为内部由此展开了一场大讨论，讨论的共识是：华为要更加高举"以客户为中心"的旗帜。华为发展到今天，靠的是这一根本；华为的明天，也只能存在于客户之中。客户是华为存在的唯一理由，也是一切企业存在的唯一理由。

在之后形成的华为四大战略内容中，第一条就是："为客户服务是华为存在的唯一理由；客户需求是华为发展的原动力。"[①]

任何一家企业成功的不二法门就是最大限度地满足客户需求，只有将客户需求放在首位，满足客户当下的显性需求，发现和开发客户的隐性需求，企业才能够在激烈的市场竞争中存活下来，并进而走向强盛。

任正非承认，"以客户为中心"是普遍适用的商业常识，很多管理类经典著作都会写上，不是他的原创。华为的成功就是把这个常识做到了极致，而且 20 多年来坚持了下来，并以此为根本。

2001 年，华为内刊上登载了这样一篇文章，文章原本叫作《为客户服务是华为存在的理由》。然而，任正非在审稿时将其改为《为客户服务是华为存在的唯一理由》。任正非认为，华为是为客户而存在的，除了客户，华为没有存在的任何理由。

华为的四大战略内容中第一条就是："为客户服务是华为存在的唯一理由；客户需求是华为发展的原动力。"任正非这样说道：

> 其实我们总结的方法来自中国 5000 年的文明，也来自共产党文化。5000 年文明讲"童叟无欺"，就是以客户为中心；

---

①田涛，吴春波.下一个倒下的会不会是华为：故事、哲学与华为的兴衰逻辑［M］.北京：中信出版社，2015.

共产党讲"为人民服务"，也是以客户为中心。我们为客户服务，我想赚你的钱，就要为你服务好。客户是送钱给你的，送你钱的人你为什么不对他好呢？其实我们就这点价值，没有其他东西。

"以客户为中心"的战略由任正非明确表达为："在华为，坚决提拔那些眼睛盯着客户，屁股对着老板的员工；坚决淘汰那些眼睛盯着老板，屁股对着客户的干部。前者是公司价值的创造者，后者则只会谋取个人私利。"

管理大师彼得·德鲁克认为，企业的目的是"创造顾客"。他曾这样说过："如果我们想知道企业是什么，我们必须首先了解企业的目的，而企业的目的必然存在于企业之外。事实上，由于企业是社会的一个器官，因此企业的目的必然存在于社会之中。关于企业的目的，只有一个正确而有效的定义，那就是'创造顾客'。"

几年前，摩根士丹利首席经济学家斯蒂芬·罗奇带领一个机构投资团队到深圳华为总部，任正非没有亲自接见，只派了负责研发的常务副总裁费敏接待。事后罗奇说："他拒绝的可是一个3万亿美元的团队。"

任正非对此事的回应是："他（罗奇）又不是客户，我为什么要见他？如果是客户的话，最小的我都会见。他带来机构投资者跟我有什么关系呀？我是卖机器的，就要找到买机器的人呀！"

从这里可以看出华为对客户的偏爱及重视程度。

华为之所以崇尚"以客户为中心"的核心价值观，就是因为只有客户在养活华为，在为华为提供发展前进的基础，其他任何第三方都不可能为华为提供资金用于生存和发展。所以，也只有服务好客户，让客户把兜里的钱心甘情愿拿给我们，华为才有可以发展下去的基础。

华为的价值和存在的意义，就是以客户为中心，满足客户的需求。我们提出要长期艰苦奋斗，也同样是出于"以客户为中心"这样一个核心价值理念，坚持艰苦奋斗的员工也一定会获得他所应得的回报。

任正非在 2008 年市场部年中大会上的讲话中曾说："我们奋斗的目的，主观上是为自己，客观上是为国家、为人民，但主客观的统一确实是通过为客户服务来实现的。没有为客户服务，主客观都是空的。"

《华为公司基本法》中讲道：顾客的利益所在，就是我们生存与发展最根本的利益所在。我们要以服务来定队伍建设的宗旨，以顾客满意度作为衡量一切工作的准绳。

中国人民大学的一批 EMBA 学员在去英国某大学进行交流访问时，对方教授曾如此评价华为：华为走过的路，与世界上那些曾经的企业走过的路不同。这些企业在达到巅峰之前也是以客户为导向的，但到达巅峰后，它们开始听不进客户的意见了，不愿意主动满足客户需求了，于是它们渐渐衰落了。

华为自 2001 年开始对客户进行持续性的第三方客户满意度调查，目的是要给全球客户提供更优质的产品和服务，在日益激烈的市场竞争中保持领先。

满意度调查结果显示了客户对于华为服务的充分肯定，同时客户的评价和建议就是华为反观自身的明镜，也是改善服务质量的良药。

任正非在以自己的强势诠释什么是老板文化的同时，却要求员工"屁股对着老板"。任正非在一次市场部大会上说，华为一定要提拔那些屁股对着老板的人。屁股对着老板，就是眼睛看着客户，以客户为本。

要成就客户梦想，就需要提供最好的服务，这也是公司取得成功的关键。在华为成立之初，华为产品不如竞争对手的产品，这一点任正非心知肚明。因此，他另辟蹊径，吸引客户。他认为，只有提供优质服务，才能吸引客户。例如，由于早期华为的设备经常出问题，华为的技术人员就经常利用晚上客户设备不使用的时间段，去客户的机房里维修设备，并且对于客户提出的问题，华为是 24 小时随时响应。这种做法与西方公司有很大的不同。西方公司有好的技术和好的设备，但却忽略了服务。华为的优质服务为公司赢得了真正关心客户需求这一美誉，并同时让华为赢得了竞争优势。

再如，早期中国沙漠和农村地区老鼠很多，经常会钻进机柜将电线咬断，客户的网络连接因此中断。当时，在华的跨国企业都对此不屑，认为这不是他们的问题，而是客户的问题，他们认为只须为客户提供技术。而华为却不这么认为，在设备外增加了防鼠网，帮助客户解决了这一问题，华为也认为自己有责任去这么做。得益于这一目标驱动战略，华为在开发耐用设备和材料方面获得了丰富经验，后来也因此在中东地区赢得多个大客户。[①]

曾有人问任正非，华为对于像华为当年一样正走在起家路上的中小

---

①大卫·德克莱默，田涛.任正非：不要停留在过去，擅与竞争对手合作［OL］.新浪网，2015.
http://tech.sina.com.cn/t/2015-11-04/doc-ifxkhqea3013780.shtml.

企业有什么方法论的建议？任正非的回答就是：盯着客户，就有希望。他说：

> 不要管理复杂化了。小公司只有一条，就是诚信，没有其他。就是你对待客户要宗教般的虔诚，就是把豆腐好好磨，终有一天你会得到大家的认同的。中小企业还想有方法、商道、思想，我说没有，你不要想得太复杂了。你就盯着客户，就有希望。就是要诚信，品牌的根本核心就是诚信。你只要诚信，终有一天客户会理解你的。

充实提高自己而做的努力

在华为，除了为客户创造价值的任何微小活动被称为是奋斗，还有一种奋斗，就是在劳动的准备过程中为充实提高自己而做的努力。

2009 年，任正非在后备干部总队例会上这样说道："知识是劳动的准备过程，劳动的准备过程是员工自己的事情，是员工的投资行为。"这种投资行为要获得回报，要以在实践中的结果作检验。

一个人成长、成功的最起码的要素就是要自发学习。成功者、优秀者不是天生的，人的能力和智慧都是随着不断的努力学习得以提升的。你只有在工作中坚持学习，不断积累实践经验才能逐步成长，走向成功。一个人要想成长，要想发展，一定要懂得自发学习的重要性。学习在于增长知识和提高能力，名言曰："活到老，学到老"。只有自发地学习才能实现自我改造、自我完善和自我超越，一步步地成长，走向成功。

任正非表示："我们的管理者，特别是大批年轻的基层管理者，要努力提升自身的管理能力，加强学习，积累管理经验。"

任正非对华为的管理者的要求是要主动学习，他表示：

　　善于学习是提升管理能力的重要手段，只有善于学习的管理者才能培养学习型的组织，只有学习型的组织才能从容地面对高度不确定的商业环境。学习的途径有很多，书本可以启发我们思考问题、解决问题的方法，但就像"复盘"是棋手最好的学习与提高手段一样，每一次成功和失败（包括自己的也包括竞争对手的）都是我们最好的学习案例，因此必须学会在实战中进行总结与举一反三。人是有记忆的，但组织没有记忆。在当前新干部提拔快，培训系统跟不上组织扩张需要的情况下，如何采取有效措施保证个体的经验在组织内传播与共享是每个团队领导者需要认真解决的问题。总结案例的工作非常重要，但光有案例是不够的，还需要建立一个系统以保证案例中所蕴藏的经验与教训在组织内进行有效的复制，这将直接影响人力资源的使用效率和整个组织的工作质量。

　　我们的学习要深入实际，各级干部都要学习收集案例。不要在对自己部下的培训中，言必称希腊。深入不进去的管理干部，要下放。不能在华为形成空中楼阁的管理。不要求一切员工都形式主义地跟着念报。员工也有不学习的权利，公司也有在选拔干部时不使用的权利。这种权权交换，使得每一个要进步的员工都会自觉地学习。高中级干部退步的，我们也要调整下去。

　　要成为一名卓越的员工，必须在工作和生活中不停地学习。只有不断地学习，才能从根本上拥有唯一持久的竞争力。

　　1994 年 12 月，一位 39 岁的年轻人拜访德鲁克。在吃饭的时候他问："我怎样回报你呢？"德鲁克说："你已经回报我了，今天和你的谈话中，我已经学到了很多。"

"刹那间，我顿悟了为什么德鲁克先生是与众不同的，因为他不把自己当作一位大师，而是把自己当成了一个学生。对于许许多多管理学的专家而言，他们必须要说什么，而德鲁克先生则觉得自己必须要学什么。"这位年轻人就是吉姆·柯林斯。

后来，吉姆·柯林斯成了大师，而且是美国最炙手可热的管理大师，一般演讲标价每小时 6 万美元。

吉姆·柯林斯传承了德鲁克的哪些基因呢？其中之一就是终身学习。德鲁克，一个践行"活到老，学到老"的大师。"如果能活到 80 岁，就要学到 80 岁。"他曾立下誓言，并终身践行。

1929 年 11 月 19 日，德鲁克刚刚迎来自己 20 岁生日的时候，有一件喜事同时落在他的头上，那就是他被汉堡最大一家报社录用，当了财经和外事报道的记者。在报社工作期间，德鲁克学会了跨学科跨领域学习的方法。之后 60 多年的时间里，德鲁克每隔三至四年就会选择一门新的学科做研究，以满足他对未知世界的好奇心。他或选择统计学、世纪史、人类科技史、人类劳动史，或选择日本的艺术、经济学等，可谓包罗万象。

德鲁克对日本绘画甚为着迷，亦有深入研究，并曾写出专著《画笔的冒险：日本绘画》，并在美国克莱蒙特大学波莫纳学院讲授了 10 年的东方艺术课。确实，一个管理学家讲授东方艺术课，听起来有些匪夷所思，但细细一想，这的确是德鲁克的成功之处。德鲁克表示："这种学习方法不仅给我一个丰富的知识宝库，也强迫我接受新知识、新思路和新方法——因为我所学过的每门新学科，都基于不同的理论假设，采用不同的研究方法。"

尤其是，由于德鲁克受过中西方历史、政治学这两门学科的严谨而专业的训练，使得他既能预测商业的发展状况，又能洞悉人性的本质。

所谓"对的方法"就是去找有效的方法，为此，德鲁克总会从成功的案例中去学习、观摩别人是怎么做对的。因此，他就一直在寻找真正的人师，不遗余力地探访他们的身影，观察他们教学的方式，并从中获得无穷的乐趣。一听说谁是大师级的老师，他就设法溜进他的课堂去旁听、观看。因此，多年来，观摩教学一直是他最大的嗜好。

德鲁克就是这样一个跨界的飞行者，而且飞出了高度和广度。德鲁克建议世人应全方位地学习各种新知识，从而进行自我更新。

德鲁克表示："在一个知识经济的时代，非常重要的一点，就是要建立起快速学习的能力。如果不尊重这种建议，而只是关注之前搞的运作方式是不行的。所以，我们就实行了终身学习制。"

2003 年 12 月，台湾《商业周刊》在采访德鲁克时曾提问道："现今在新组织当中的旧经理人是面临挑战最大的一群人。如果今天一名 40 岁的经理人来到您面前，请您对他下个阶段的生涯发展提出一些建议，您会怎么说？"

德鲁克的回答是："我只有一句话：继续学习！学习还必须持之以恒。离开学校五年的人的知识，就定义而言已经过时了。美国当局如今要求医师每 5 年必须复习课程及参加资格重新检定考试。这种做法起初引起受检者的抱怨，不过这些人后来几乎毫无例外地对外界的看法有了改变，以及为自己忘掉很多东西而感到惊讶。

"同样的原则，也应该应用到工程师，尤其是营销人员的身上。因此，经常重返学校，而且一次待上一个星期，应该成为每一位经理人的习惯之一。许多大公司目前都在建立内部的教育设施，但我建议这要小心为妙。因为内部训练通常有强调及强化固定观点的毛病。为了开阔视野、质疑通俗的信念、养成有组织性地抛弃习惯，最好是让员工面对多样化及挑战。为了这些目的，经理人应该接触为不同公司工作、以不同方法办事的人。

"想要在挑战性的世界之中担任一名主管，同时还能够产生并且维持效能，就必须要注意上述的若干要点。这世界充满了机会，因为改变即是机会。我们处于一个风起云涌的时代，而变化起自如此不同的方向。处于这种情势之下，有效能的主管必须能够体认机会，并且和机会赛跑，还要保持学习，经常刷新知识底子才行。"

在技术潮起潮落的今天，任何一项技术的保险度都不高，短则三五个月，长则一两年，基本上就过时了。因此，只有不断充电，才能适应工作的要求。一位业内人士就曾这样说："与其等到下岗时再培训，不如在岗时充电。"

王刚是一家网络公司的工程师，做网络编程工作。在行业受大环境影响普遍不景气的情况下，他所在的公司也准备裁人。此时，听到风声的员工大多惴惴不安，担心裁人的利刃会挥向自己。在所有同事中，只有他整天乐呵呵，好像没这回事一般。

他的不焦急并非是他乐天知命，也不是与老板有什么瓜葛。他做事极其谨慎，而且还有点胆小怕事。他的乐观情绪与严峻的形势形成了鲜明反差，叫人捉摸不透。大家仔细打听才明白，他的乐观来源于他的不间断的培训。就职以来，他从未停止过培训，不管是自费，还是公司出钱，从未因各种原因而搪塞。他曾自豪地说："我是站在技术最前沿的人。"他说得够狂妄，但又不得不令人信服。结果，他不但未被裁掉，反而因技术过硬而得到老板的赏识，被提拔为公司的副总，待遇比以前还高。

香港首富李嘉诚是个非常爱学习、善于学习的人。

他12岁担负起养家的责任，开始是给别人打工，工作之余，同事都打麻将玩乐，他却捧着书埋头苦读，天天如此。

当上老板以后，为了不断扩大生意，李嘉诚意识到英文的重要性，于是下决心学习英文。他聘请了一个私人教师，坚持每天早上上课，上完课后又马不停蹄地赶去上班。苦读英文使李嘉诚获得了商业谈判上的优势。当年，懂英文的华人在香港社会是"稀有动物"。懂得英文，使他可以直接飞往英美，参加各种展销会，直接谈生意。

学习、自我更新不仅仅是指一种对新知识的学习，还包括了对各种新的经验、新的观念的接受，这是避免失败的前提。

刘杰，2008年华为公司金牌奖获得者，曾经开发过基站收发信台BTS312，维护过BTS3012，交付过德国重大项目。刘杰伴随着产品的成熟而成长。

2006年年底，BTS312开发的时候，按照客户要求，要在2007年年初高质量实现BTS312 7.0版本的商用。刘杰听到这个消息，主动请缨，希望自己能负责一个模块的交付。这时，刘杰入职还不到1年，没有任何代码知识和项目管理经验。"他能搞定吗？"主管拿不定主意。但刘杰不屈不挠，一边见缝插针向开发团队专家请教，一边继续向主管请求。主管被他这种不服输的劲头所打动。

有热情是一回事，能解决问题才是真本领。刘杰对此深有体会。在那段日子，可以看到夜晚的路灯下他反复来回踱步，看到在明亮的会议室中他与人面红耳赤地争论，看到他埋头于光标闪烁的电脑前编码，也看到他在实验室中紧张调试。就这样，刘杰竟然吭哧吭哧地完成了所有任务，产品上市后他所负责的模块没有出现过问题。

2008年，刘杰到德国支持某重大项目的技术保障工作。这是刘杰第一次接触BTS3900，用刘杰自己的话说，那时候他连BTS3900长什么样都不知道。到现场后，刘杰没有因此而表现出畏惧。他夜间补习知识，白天就与现场技术支持团队以及后方研发支撑团队一起，安装设备、调试测试。几天后，他就从一个"门外汉"变成了"专家"。现场一起工作的客户多次对刘杰的想法和思路表示赞赏。

美国知名管理大师彼得·圣吉在《第五项修炼》中写道："未来唯一持久的优势，是有能力比你的竞争对手学习得更快。"

任正非很倡导学习，他在文章中这样写道：

我曾经讲过一个故事，就是如果一个人倒着长，从80岁

开始长，1 岁死掉的话，我想这个世界不知有多少伟人。我们
的父母教育我们要认真读书，我们却不认真读书。等我们长
大了，又告诉我们的孩子要认真读书，他们不认真读书，他
们还要批判我们。他们长大了，又管教他们的孩子要认真读
书……如此重复的人生认识论，因而人就没有很大的长进。
如果从 80 岁倒着长，人们将非常珍惜光阴，珍惜他们的工作
方法和经验。当然从 80 岁倒着长这是不可能的，但学习方法
上是有可能的。我们如今有如此庞大的知识网络和科技情报网
络，充分利用它们也就跟倒着长一样，只不过要有谦虚、认真
学习他人的精神才行。

学习永远都不嫌晚。

师旷是春秋时期晋国的乐师。他虽然是个双目失明的人，
却依旧热爱学习，在音乐方面的造诣很深。

有一天，晋平公问师旷："我 70 岁了，很想学习，恐怕已
经太晚了吧？"师旷反问道："既然晚了，为什么不点起蜡烛
呢？"晋平公听后，认为他答非所问，很气愤。

师旷解释说："我这个瞎了眼的臣子哪里敢跟君王开玩笑
呢？我听人说过：'少年时代热爱学习，好像旭日东升，光芒
万丈；壮年时代热爱学习，好像烈日当空，光焰夺目；到了
老年，才下决心学习，那就好像晚上点起蜡烛。'"晋平公听
了，点头称赞道："你说得真好！"

活到老学到老，"老骥伏枥，志在千里"。

华为的一位员工有这样的经验："在华为这样的环境里，我深切地感觉要做一个开放自我的人，只要你愿意学习，那里就会有很多不同的老员工贡献出来的经验供你享用，取之不尽，用之不竭，这真的是一笔巨大而无形的财富。在公司的 IT 平台上，你可以找到传输培训专栏中很多命名为'他山之石'的实用性技术资料供你借鉴；也有很多部门制定的硬件设计规范，新员工看了之后可以加深对已有设计的理解，直接切入单板的设计和调试工作。"

紧紧抓住产品的商品化

为客户创造价值，在劳动的准备过程中为充实提高自己而奋斗，这两者努力的结果就是产品的商品化。

"紧紧抓住产品的商品化，一切评价体系都要围绕商品化来导向，以促使科技队伍成熟化。我们的产品经理要对研发、中试、生产、售后服务、产品营销等环节负责任，贯彻沿产品生命线的一体化管理方式。这就是要建立商品意识，从设计开始，就要构建技术、质量、成本和服务的优势，这也是一个价值管理问题。"任正非强调，华为的工作开展及绩效评价都要以商品化为导向。这体现了华为在执行上最朴素的要求"满足客户需求"，为公司创造价值。

贝尔公司研发了半导体的产品，瑞士则是第一个开发出精工表的国家，但它们都没能像日本一样，将技术成功地转化为商品，获取应有的市场价值。正如华为人说的那样，技术是用来卖钱的，卖出去的技术才有价值。

华为要求不做市场不需要的发明。针对产品研发偏重技术而非市场需求导向的问题，任正非用了一个非常形象的比喻："华为没有院士，只有'院土'，把'士'的下面一横拉长一点。要想成为院士，就不要来华为。"

这里的"院士"，就是任正非常说的"工程商人"。华为倡导的"工程商人"，本质含义是什么呢？华为的理解是"抛弃纯粹的技术倾向，谋求产品的利润最大化"。

"工程师文化"和"工程商人文化"究竟有什么差异？怎么样才能做一个合格的工程商人呢？工程师文化关注的是纯技术导向，有着非常强烈的技术倾向。而工程商人文化需要工程师把产品研发看成"投资"行为，而投资就要考虑投入产出比。

要学习做工程商人，就要学着经营产品。这就要求工程师具有更多的商人思维，具体而言，应表现在以下几个层面：

◆ 工程商人需要"服务意识"。

◆ 工程商人需要研究市场需求。

◆ 工程商人需要学会整合资源。

◆ 工程商人需要把市场和技术有机融合。

◆ 工程商人需要审时度势，把握市场节奏。

华为内刊《华为人》中曾记载了这样的一个事例：

"我们从经济学的角度来看，也许会有些新的启示。发明是一项实践的科学，也是一项机会成本很高的投资。一个发明往往动辄需要进行上千次试验，还不一定能成功。这除了需要发明家的灵感与毅力之外，也要耗费大量的金钱，这也是很多伟大的发明不是出自大学或研究院而来自工业界的原因。

"爱迪生不是一个纯粹的科学家，他所进行的发明都有很明显的功利目的；但他又不是一个纯粹的商人，他赚钱的目的是为了支撑其发明事业。爱迪生以市场需要、实用性为导向的发明原则，为他带来了可观的收入，保证了其发明事业的可持续性，使他能以发明养发明，犹如活水而源源不断。

"1868 年，爱迪生获得了第一项发明专利权——一台自动记录投票数的装置。爱迪生认为这台装置会加快国会的工作，它会受到欢迎。然而，一位国会议员告诉他说，他们无意加快议程，有时候慢慢地投票是出于政治上的需要。从此以后，爱迪生决定，再也不搞人们不需要的任何发明。"

华为是电信设备制造商。在华为，无论是做系统架构的，还是做应用软件开发的，研发人员喜欢把自己叫"通信工程师"。华为的资深研发工程师对电信运营业务了解的深度，与电信运营商相比相差无几。在产品设计时，他们关注的焦点不是技术的先进性，而是产品的可用性，客户的满意度。因此，在日常工作中，研发人员与市场销售人员、与客户的交流是相当频繁的。

在华为的发展历程中，有一次惨痛教训是华为人永远忘不掉的。

1992 年，华为常务副总裁郑宝用带领着十几个开发人员，准备开发局用机。当时，他们只有开发模拟空分用户机的经验，对开发局用机则一无所知，于是决定开发模拟空分局用交换机，并命名为"JK1000"。

1990 年，中国的固定电话普及率只有 1.1%，排名世界113 位。1992 年，华为预测，按照中国电信产业的总体目标，2000 年固定电话普及率在 5% ~ 6%，因此，先进的数字程控交换机在中国不适用。

结果，事实并非如此。到 2000 年时，中国固定电话普及率比预想的数据高出 10 倍之多，这注定了 JK1000 的命运。

1993 年年初，在华为投入了全部的开发力量和巨额的开发费用后，JK1000 成功问世，并在 5 月份获得了国家邮电部的入网证书。在市场推广上，华为也志在必得。

然而，1993 年年底，数字程控技术得到普及，华为的 JK1000 空分交换机刚推出就面临没有市场的危险局面，很快市场便被数字程控交换机取代了。

这次惨痛的经历让任正非意识到，华为的研发执行团队必须从技术驱动转变成市场驱动，紧紧抓住产品的商业化，坚持不研发"卖不掉的世界顶尖水平"。任正非要求华为员工不能像早期的贝尔公司一样，只懂得研发新技术，不懂得将技术转化成商品。

工作要以成果为导向，并不只是要求研究部门要以商品化为导向，更是要求所有部门及员工都要以商品化的思维去组织工作。只有这样，才能够充分发挥整体合力的优势，实现最终产品（服务）的商品化目标。华为无论在市场拓展还是研发上，都充分发挥各部门的合力优势，占领市场。

1996 年，中国电信市场上接入网产品的机会点突然出现，邮电部允许原交换机局通过 V52 技术接口其他厂家的用户模块。但是一开始，华为中研部的接入网产品发展得并不好，原因是接入网产品与交换机业务部的远端模块冲突，而当时交换机业务部又是华为中研部第一大部门。由于起初只是在一个部门发展，接入网产品的内部研发资源得不到保障，研发进度较慢。眼见着老对手中兴的接入网产品在市场上的占有率大为提升，新对手 UT 斯达康也借接入网产品在中国市场上发展起来，华为公司市场部频频向公司总部告急。任正非把当时的中研部总裁李一男叫去狠狠地批评了一顿，给李一男醒了醒脑。

1996 年年底，中研部专门成立了由多媒体业务部、交换机业务部、传输业务部、无线业务部共同参与的跨部门接入网新产品攻关项目组，以求资源共享，发挥产品和技术间的组合优势，增强核心竞争力。各个业务部均安排核心骨干人员参加项目组，在项目组的统一安排下进行集体技术会战和技术资料的统一制作。除骨干人员参加外，各业务部对接入网产品的相关内容也进行了会诊，并针对接入网的版本做了新的开发。跨部门项目组成立后，华为公司在 3 个月的时间内，就一举突破了新产品的关键技术问题，而且在如何创新地组建接入网络、发展电信新业务（如 ETS 无线接入、会议电视等）方面，率先提出并实现了新的业务应用。华为各业务部的通力配合，使得华为公司无论在功能上还是在成本上，都有差异化竞争力的接入网新产品出现。

华为中研部的接入网产品起初发展并不好，这是因为中研部独自开发，未能进行资源和信息共享，导致研发的产品无法与其他模块对接。后来，华为建立了跨部门的研发团队，从各方面需求进行会诊，确定最佳接入网产品设计方案，最终一举突破了关键技术问题。由此可见，业务执行要以成果为导向的重要性。如果不考虑成果，只能无谓地浪费资源和机会。

在华为，为了更好地推动商品化导向的执行思维和行动力发展，所有的工作都要遵守和接受以结果为导向的原则。

贡献为导向

如果考核尺度把握不准，那么主管在做员工考核时，对于平时话不投机、交流很少的员工缺乏必要的了解，往往凭主观印象武断地给出成绩，此类员工也知道自己和主管在沟通方面存在障碍或者不屑于和此类主管沟通，往往对考核结果听之任之，有不满也只是默默承受，除非是到了无法忍受的时候，否则不会出现拒绝签字、投诉之类的爆发行为。反之，平时和主管非常投机的员工在考核时往往得到青睐，即使偶尔有不满意的考核结果，他也能和主管理论出个所以然来，而主管往往念及平时的关系要么更改考核结果，要么承诺下次重点考虑等。对考核尺度的把握不准直接造成了对"按劳分配"的侵犯和对团队士气的伤害。

"我们要以贡献来论薪酬。如果这人很有学问，里面装了很多饺子，却倒不出来，倒不出来就等于实际上没有饺子。企业不是按一个人的知识来确定其收入，而是以他拥有的知识的贡献度来确定的。"2000年，任正非就曾这样对员工说过。

唯有贡献，才会有好的报酬。华为不断为员工提供成为奋斗者的机会。比如：

奋斗者协议。华为会与13级以上的员工签订奋斗者协议，内容包括组织安排去一些艰苦的地方等。员工签署协议则会有5万元的奖金，还会享有加薪、优先配股等待遇。

目标责任制。员工可以与公司签订项目目标责任书，只要在期限内保质、保量完成任务，就可以领取预定的奖金。

任正非注重效果，他除了强调绩效与贡献外，同时他还要求关注在关键事件过程行为上的考核，也就是既注重效果，也参考关键事件的过程，让员工更好地处理种庄稼与打粮食的关系，更好地解决短期效益与长期效益的关系，更好地平衡眼前收益与未来发展的关系。

2005 年，华为 EMT（经营管理团队）的会议中这样记载："公司给员工的报酬是以他的贡献大小和实现持续贡献的任职能力为依据，不会为员工的学历、工龄和职称以及内部'公关'做得好支付任何报酬。认知不能作为任职的要素，必须看奋斗精神，看贡献，看潜力。"

2012 年，任正非在基层作业员工绝对考核试点汇报会上的讲话中说道："基层员工的考核，劳动成果放在第一位，劳动技能放在第二位。"

早在 1996 年，华为的会谈纪要中就有着这样的记载："作为一个公司，我们追求的不是先进性而是商业性，这与学校的学术研究是有区别的。你们认为很有学问的人，在我们公司可能待遇并不高；你们认为并不是很有学问的人，在我们公司可能待遇很好。因为我们的评价体系不一样。学校是以学术来作为评价体系的标准，我们是以商业性来作为评价体系的标准，两个不同评价体系不可能产生混合。"

任正非更是强调："我们要培养商人，不是培养教授，不要搞学术论文。我们的价值评价体系要调整，涨不涨工资要看你是否为公司创造利润，而不是看你的学术论文有多好。""公司对人的评价是现实的，不在你理想有多大，而在你的实际贡献。"

华为给员工定报酬向来都是不看职位而是看贡献的。任正非指出："进入华为并不意味着高待遇，因为公司是以贡献定报酬，凭责任定待遇的。新来的员工，因为没有记录，晋升较慢。"在任正非看来，一个人拿多少报酬，要凭自己的真本事。实际上这体现了一种公平竞争的原则,不论资排辈、不投机取巧,只要做出贡献,人人都可以拿到高薪。正是这种激励观念及机制,激励着一代又一代的华为人。

华为为了鼓励更多的奋斗者,创造更多的奋斗者,坚定不移地执行按贡献大小拿待遇的薪酬制度。任正非指出:

> 我们从来不强调按工龄拿待遇。调薪时候经常有人说,工资好几年没涨了,是否要涨一点工资?我说,这几年你的劳动质量是否进步了?你的贡献是否大了?如果没有,为什么要涨工资?有的岗位的职级要封顶。有些岗位的贡献没有变化,员工的报酬是不能随工龄增长而上升的。我们强调按贡献拿待遇,只要你的贡献没有增大,就不应该多拿。

任正非认为没有贡献的人,是没有资格涨工资、分配股票的。公司多了"不打粮光吃饭的人",不仅成本负担会越来越大,更重要的是,这些人占用了宝贵的资源,直接降低了公司所创造的价值。同时,这类人的出现,潜在地"营造"了一个不公平的环境,使更多的人不愿意付出。

重视转化为现实的能力

1997 年之前,华为由于没有人事权,主要是去人才市场招聘员工,每次都要事先在报纸上打广告,然后派人去现场面试。当时,电信人才异常缺乏,社会上的人才根本无法满足华为的需求,往往是派去了五六个工作人员，面试了上百人，最终只有五六个符合要求。1998 年之后，已经取得人事权的华为公司，每年都要启动大规模人才招聘计划，在北京、上海、西安等地主要媒体做广告，在著名高校开设招聘专场。1998 年，华为一次性从全国招聘了 800 多名毕业生，这是华为第一次大规模招聘毕业生；1999 年，华为一次性招聘 2000 名大学毕业生；2000 年，华为总共招聘了 4000 名毕业生；2001 年，华为到全国著名高校招聘最优秀学生，最后实际招聘了 5000 多人。

尽管华为对人才十分渴求，并在招聘的时候主要集中在著名高校，但华为对著名高校的学生还有个特殊要求，那就是"名牌学校前几名学生华为不要"。这个原则似乎伤了国内众多知名高校"尖子生"的自尊心，但任正非有自己的理由。他认为："名牌高校的前几名学生知识储备很好，能力自然也很强，但是，这种学生对自身的期望也很高，甚至有着严重的自恋、自大情结。经常以自我为中心的学生，到华为后很难适应其艰苦生活，很难做到以客户为中心，很难按照华为的要求，从基层做起，从小事做起。这个规律在华为多年来的招聘经验中已经得到证实。但是，这并非是绝对的，仅仅是华为招聘应届生的一个重要参考条件。"

因此，相比那些有学问的人，任正非更愿意选拔有潜力的人，培养他们成为华为的骨干力量。任正非的做法是明智的，他放弃了有学问者，因而才培养出了一大批愿意从基层做起、从小事做起的华为人。他们在华为扮演着"泥瓦匠"的角色。

任正非认为：潜能只是一种可能性，一个人具有的潜能，如果在相当长的一段时间里持续存在并起作用时，才是一种现实的能力；当它没起作用，或始终没有发挥作用，那么它只是一种可能。只有将一个人的潜能充分发挥出来，并做出成绩与贡献，它才能转变成实现了的潜能——现实的能力。所以，潜能与现实的能力并不等同。

任正非心目中的能力不是潜能，而是一种转化成现实的能力；他心目中的素质也不只是表面上的学历、认知能力等，更强调品德与工作能力，贡献和结果。

2005 年，任正非在回应美国《时代》周刊将他评选为"全球最具影响力的 20 位企业家"时写道："我大学只读了 3 年，因为发生了'文化大革命'，而结束了学业。到部队后，我只是个团级干部；参加工作后，我也仅仅从事一般性的行业，也就是大家下军棋时所说的工兵。1984 年从军队转业时，我仅是普普通通的技术副团职。"他这样做的目的，主要是澄清美国媒体炒作说他是解放军上将，说华为公司是"共产党的公司，有国家、军队支持，要不企业怎么能办得那么好啊"等。

当时有几位华为高层领导都认为任正非这样说自己太谦虚了，太贬低自己了。任正非并不这么看，他说："我说我大学只读了 3 年，但我没说我没水平，没有意志力，没有品德，没有胸怀，光看那点学历怎么行？"

华为曾有一位博士向任正非提出要在公司内部成立一个博士协会，任正非知道后说："那是个'反动'组织（与华为的价值导向反方向动，即'反动'），为什么？博士协会就是排斥其他人。难道后天进步了的人就不行吗？像毛泽东与邓小平这样的伟人都不是博士，难道博士协会要将他们都排斥在外吗？"

所以，任正非不同意成立这样的组织。他说，除非成立一个开放的组织，大家一起来讨论问题，讨论华为价值观等，这样他才同意。

在任正非看来：学历不等于能力，学历也不等于素质，素质是一种综合能力的反映。

因此，在华为，学历、技能、潜能、工龄、素质等，均不能作为薪酬的评价依据。薪酬评价的依据是将学历等转化为绩效与贡献。华为以长期贡献能力与实际贡献定薪酬，以短期贡献定奖励。

华为 2013 年做了改革，把开发和技术分离，除了考核成功率，还考核失败率。做基础研究，把你失败了多少次作为一个考核目标，鼓励冒险和尝试，要养一部分人天天在那里"不着边际"地做创新。这是华为的一个关键转型。

2014 年 8 月，任正非在华为内部讲话中这样说道：

> 我们公司这几年严格控制考核体制，考核体制已经形成了一种范本。学历是重要的但不是唯一的，我们在所有干部考核表上唯一没有设的一栏就是填学历，而都是你在公司实践工作中的评价。对于那些能力强的，素质还不是很好的，我们要求他多学习，要求提高自身素质，多提供一些培训机会给能力强的人，但是老是不能提高素质的，我们就要他心态平和地去接受一般性的工作。

对于有潜在能力的人，任正非主张多给这些人一些做出贡献的机会。只有当他们做出贡献时，才考虑晋升或奖励。如果这种潜能还没有转化为现实的话，是不能提高他们的薪酬的。

第 **3** 章

找人，而不是招人

CHAPTER 3

　　在内部人才和干部管理上，华为坚持了"简单、实用、高效"的方法论，没有太多的理论模型，摒弃复杂的方法论，而使用简单制胜的法则：一切以业绩结果为评估标准、坚持使用"歪瓜裂枣"，它们看起来虽然不完美，但很甜，可以给企业带来业绩上的突破！

什么样的员工是奋斗者

　　企业的目的十分明确，是使自己具有竞争力，能赢得客户的信任，在市场上能存活下来。要为客户服务好，就要选拔优秀的员工，而且这些优秀员工必须要奋斗。要使奋斗可以持续发展，必须使奋斗者得到合理的回报，并保持长期的健康。

　　华为的核心价值观是"以客户为中心，以奋斗者为本，长期坚持艰苦奋斗"。而在实践过程中是如何落实的？

　　华为曾经在 2011 年 4 月 14 日组织专门的讨论会。在此次讨论会中，任正非明确提出可以将华为的员工分为三类：第一类是普通劳动者；第二类是一般奋斗者；第三类是有成效的奋斗者。要将公司的剩余价值与有成效的奋斗者分享，因为他们才是华为事业的中坚力量。

　　任正非在这次讨论中这样说道：

　　　　我们这次提高了饱和配股的上限，其目的是，让优秀的奋斗者按他们的贡献获得更多的配股机会。这是一个大的战略，我非常担心这个战略落实不好。因为，有使命感、努力贡献的人，不一定是乖孩子，华为过去的文件许多是管乖孩子的。

如果这些努力贡献者没有得到利益，这是我们的战略失败。不过，并不是已达到上限的一般的贡献者，也要跟风。他们跟了风，获得了不该获得的配股，或者升职快了些，也是我们的战略失败。我担心有些优秀的贡献者由于我们这次的排他条件及其他东西，使他们失去增股的机会。

华为公司副董事长轮值 CEO 认为，人力资源对象分为三类：

"第一类，为普通劳动者，暂时定义为 12 级及以下为普通劳动者。

"这些人应该按法律相关的报酬条款，保护他们的利益，并根据公司经营情况，给他们稍微好一点的报酬。这是对普通劳动者的关怀。

"第二类，一般奋斗者。我们要允许一部分人不是积极的奋斗者。他们会想，小家庭多温暖啊，想每天按时回家点上蜡烛吃饭呀，对这种人可以给予理解，这也是人的正常需要。

"刚好我们就有一个小岗位在这个地方，那么他就可以坐上这个位置，踏踏实实地做好小职员。对于这一部分人，我们有适合的岗位可以安排。如果没有适合的岗位，他可以到社会上去寻求。只要他输出的贡献大于支付给他的成本，他就可以留在公司。他的报酬甚至比社会平均水平稍微高一点。

"第三类，就是有成效的奋斗者，他们要分享公司的剩余价值，我们需要这些人。分享剩余价值的方式，就是奖金与股票。这些人是我们事业的中坚力量，我们渴望越来越多的人走进这个队伍。

"我们处在一个竞争很激烈的市场，又没有什么特殊的资源与权力，不奋斗就会衰落，衰落后连一般的奋斗者也保护不了。我们强调要按贡献拿待遇，也是基于这种居安思危的想法。我们从来不强调按工龄拿待遇。经常看到调薪的时候有人说：'这个人好几年没涨了，要涨一点工资。'为什么？这几年他的劳动质量是否进步了？他的贡献是不是变大了？

"如果没有，为什么要给他涨工资？我们有的岗位的职级为什么不封顶呢？要封顶。

"有的岗位的贡献没有变化，员工的报酬不能随工龄而上升。我们强调按贡献拿待遇，只要你贡献没有增大，就不应该多拿。我们公司把股票分给了员工，大家不仅获得了自己劳动的报酬，甚至还获得了资本增值的报酬。这种报酬比较多，对公司的影响也比较大。有人就因此惰怠。

"要防止在奋斗者这个层面也产生惰怠者。我们各级团队对优秀奋斗者的评价，要跟着感觉走。判断这个人是不是奋斗者，是不是有贡献，是依据他的表现，而不是依据公司的条文。他的股票的总数应根据各级管理团队的感觉，来确定它是否排在合适的队列位置，而不是迁就其资历。

"三类人三种待遇。我们有些主管拿着僵化的文件比对，有的人奋斗得很好，但条款上不符合，他们就机械地把人狠狠地打击一下。这是错的，这伤了他们的心。我们渴望那些拿着高薪冲锋并有使命感的人。我喜欢这些人。"

马云在成功之前忍受了巨大的痛苦，所以不要相信不奋斗就会有结果。华为的成功就是一种中西结合的文化体系。小米每周末还上班，腾讯每天工作到晚上 12 点，这个时代如果不奋斗，就没有未来。以奋斗者为本就是比别人奋斗得更多。中国经济持续的发展就是企业家在不断地奋斗，在没有技术，缺品牌的时候积极地奋斗。华为凭什么超过爱立信？任正非说道："不喝咖啡。"所以，乌龟超越了兔子。

华为内部曾掀起一场轰轰烈烈的"奋斗者宣言"活动——员工们被要求提交一份申请，"自愿"成为"奋斗者"。不提交者，则自动划入普通"劳动者"之列。

二选一中，员工所要付出的代价各不相同："奋斗者"要承诺放弃带薪年假，非指令性加班费；而普通"劳动者"则可以享此福利，但他们在考核、晋升、股票分配等方面则"可能会受到影响"。

以"狼性文化"著称的华为，一直以来都试图让员工在危机意识中奔跑，不愿任何人将这份工作视为"铁饭碗"。1997年，华为就让市场部全体职员辞职再竞岗。"任何一个民族，任何一个组织只要没有了新陈代谢，生命就会停止。"任正非在2000年如此评价当时那次辞职事件。

在2007年新的劳动合同法实施前，华为斥资10亿元打扫门户，发动7000员工先辞职再竞岗，引发争议，以致被舆论称为华为的"辞职门"。但这一充满争议的做法最终并没给华为带来任何伤害。相反，其他一些企业还因此对华为羡慕不已，认为华为在新法出台之前，便为企业解决了"后顾之忧"。华为推出"奋斗者宣言"活动，也是出于同样的考虑。在倡导"奋斗文化"的华为，令人意外的不是协议本身，而是大部分员工都默默地接受了这份看似不合理的协议。

物质上的富足，让许多员工对华为产生巨大的认同感——包括它所推行的一些奇怪政策。对这个自上而下签署的"奋斗"协议，大多数人表现出来的是理解，特别是享有丰厚股票收益的老员工。

金字塔内部结构要异化

"明白人"不是指功成名就的人，功成名就的人未必能够面向未来。迄今为止，全世界获得过诺贝尔奖的人数超过 650 人，而获得过两次诺贝尔奖的只有居里夫人等 4 人。也就是说，如果一个企业招聘一个诺贝尔奖获得者，他继续做出重大成就的可能性还不到 1%。华为要进入"无人区"，应对不确定性，主要靠的是大批朝气蓬勃、思想开放的青年才俊来一起创造未来。

华为处在一个巨大变化的时代，也处在一个伟大的时代，谁也无法看清楚 5 年以后的行业和机会。但这又意味着巨大的机会和潜力，这一切的不确定性，都需要有优秀的团队来进行管理，也只能靠最优秀的人来管理不确定性。

任正非表示：

金字塔内部结构要异化。我们人力资源有很多模块，以前薪酬待遇都是对标电子工程师，太标准化。现在金字塔架构体系不发生变化，但里面的各个模块要异化，各自去和市场对标。华为机器的核心制造和新产品制造去市场上对标，技师只要做到高质量，就可以高工资。制造要尽快开始激活，把全世界最优秀的技师都挖到我们这里来，还做不出全世界最优秀的产品？也欢迎走掉的技师回来共创未来。

华为人彭博曾撰写一文《找人，找最懂本地业务的人，找最优秀的人》，引起华为内部关注。2016 年 8 月 8 日，它由任正非签发、以总裁办［2016］072 号电子邮件的方式发送给华为全体员工学习。

文中写道："找人，而不是招人。最优秀的人，肯定不是靠流程招来的，而是要靠伯乐去找来的。最优秀的人在哪里都是香饽饽，都不缺发展的机会和空间。未来 5 年，西欧 ICT（信息技术与通信技术相融合而形成的技术领域）类的人才缺口是 62.5 万，因此人才，尤其是关键人才、优秀人才，只会越来越紧俏。这样的人只能靠我们一双慧眼去发掘，去找。因此，大家要想在业务中有优秀的主管和骨干，必须改变观念，去找人而不是靠流程来招人。

"主管要每天打开和擦亮双眼，勇敢去做伯乐，努力发掘身边的'千里马'，可能在校园里，也可能在竞争对手、行业甚至客户那里。要每时每刻想着，我怎么找到最优秀的人并让他加入我的组织？因为只有这样，我的组织才有可能成为最优秀的团队。我们要去看看身边的主管，尤其是中高层主管，你一年找到了多少优秀的员工加入这个组织？你参加了多少次面试？西欧的人才市场很规范，一个优秀的人才，从被发现到进入华为再到融入团队真正发挥价值，至少要一年的时间。我们要是找错人或者找不到人，一项业务就会至少被耽误一年，一年在我们的业务周期里是多么宝贵的时间和财富！"

如何找人，任正非曾这样说过："找对的人，不能靠看简历。主管，尤其是高级主管要有求贤若渴的意愿，主动投入时间精力去找人，更要有识别人才的能力。如果看简历就能评估人，那电脑就能当面试官了。"

任正非表示，对于优秀的人才，不要按常理出牌：

公司的文件是向乖孩子倾斜的。乖孩子最符合公司的文件要求，但他不创造更多的价值。绩效好的员工如果违反这些条款，只要他是奋斗者，就应该给他分配股票。你们要挺身保卫他，他以后会纠正的。

不过，这不是涨工资，多涨一级算了，不就是早给一两年。一两年后他的职级升了，也就扯平了。但股票给了可能不好收回。如果你给错了人，就是伤害了公司的竞争力。你给错了人，就是支持了惰怠。所以，我们希望基层干部要敢作敢为。对于奋斗者我们采取相对考核的措施。相对考核，我们过去有教条主义的 ABC，我们有很多教条主义制度，有可能差点把优秀员工给筛选掉。

那么，我们现在让大家不要那么教条，只要大家感觉这个人确实是在努力工作的，我们就敢承认他。尽管上级批评，也要敢于为他申辩。

不能伤害优秀奋斗者

任正非说:

　　我讲的总的一个目的,大家认为谁是奋斗者就请你们多保护,不要伤害他。哪怕他和文件有冲突,你们做不了主的时候,你们可以呈报。要敢于在待遇上拉开差距,让优秀员工多拿钱,股票多配一些。我们的改革中不能左一个样,右一个样,然后这里是被伤害的人,那里是被伤害的人。其实最被伤害的人,一定是最优秀的人。为什么呢,他们一定有非常多的缺点,但是他们也有非常多的优点。

　　在内部人才和干部管理上,华为坚持了"简单、实用、高效"的方法论,没有太多的理论模型,摒弃复杂的方法论,而使用简单制胜的法则:一切以业绩结果为评估标准,坚持使用"歪瓜裂枣",它们看起来虽然不完美,但很甜,可以给企业带来业绩上的突破。通过360度评估来找人是要完蛋的。因为,这样得出的结论是:老好人得分最高!最后的结果是,引导全公司的人都做老好人!

下面来看看任正非怎么理解，怎么用360度评估的：

> 我们不能教条主义。什么叫"完人"？刚出生的小孩就是完人，无所作为的人就是完人。我们认为在这个社会，我们的公司不需要完人，我们需要能做出贡献的人。这一点我们要在干部制度、人力资源中体现出来。谁是我们需要的人？我们认为我们不需要完人。

> 我为什么对360度调查提出意见呢？我认为不是你的调查方法有问题，是你的评价和分析方法有问题。360度调查是寻找每一个人的成绩，每一个人的贡献，当然也包括寻找英雄，寻找将军，而不是单纯地去寻找缺点，寻找问题。360度调查是调查他的成绩的，看看他哪个地方最优秀。如果有缺点的话，看看这个缺点的权重有多少，这个缺点有多少人反映，看看这个人是不是能改进，而不是说抓住一个缺点我们就成功了，我们用这种形而上学的方法，最终会摧毁这个公司的。

任正非认为，360度不是拿来考核的，而是用来寻找人才，发现某些方面特别有贡献的人。恰恰很多优秀的人，缺点也是很鲜明的。这部分人很容易被360度伤害，甚至被干掉。任正非的原则是，任何一种管理办法都不能伤害"优秀的奋斗者"，即便是那些调皮捣蛋不听话的奋斗者，只要有贡献他就应该得到激励。

在华为，这样的案例数不胜数。

迄今在终端消费BG呼风唤雨的余承东，如果按照360度全方位评估的话，在任何时候估计都不能得到高分，都不能"被提拔重用"，因为他是一个出名的"大嘴巴"：善于把企业中的问题和毛病用大喇叭的方式喊出来，让很多人颜面无存；善于"吹牛"，把别人根本不敢想的事情吹得天花乱坠，让人向往；敢于把责任揽到自己身上，敢于骂人，敢于叫板老板，敢于得罪一切人……

但华为坚决使用这样的人才，哪怕在余承东上台后，针对运营商的一系列举措让业绩在短时间内下滑，也没有听从一些人的"风言风语"把他拿下，而是坚信他的能力。最终，华为手机实现成功逆袭，成为今天的全球前三，中国第一。

在微软公司，比尔·盖茨让每个员工都拥有一间独立的办公室。员工在室内可以种花、养鱼、听音乐，他眼不见耳不闻，只看到员工创造的滚滚财源。毫无疑问，只有看到别人优点的人才会推动社会的进步，才能让企业发展壮大，才有财富的创造与增加。相反，只会盯着别人缺点的人，抓住别人缺点不放的人，只会越陷越深，萎靡不振，处处碰壁。

《资治通鉴》记载，唐太宗要求封德彝推荐有德行的人才，很长时间不见他推举一人。太宗责怪下来，封德彝回答说："不是我没有尽到责任，如今实在是很难发现特别有能力的人才呀！"太宗说："君子用人如同使用器物那样，是使用各自的长处。古代能治理国家、让国家繁荣富强的君主，岂是借用了上几代的人才吗？问题在于我们没有发现人才的本领，怎么可以冤枉当今整整一代人呢？"

俗话说"金无足赤，人无完人"，"尺有所短，寸有所长"，任何人都是优点和缺点的复合体。如果老是盯着一个人的缺点，就会感觉他一无是处。

华为在内部文件中一再强调"优点突出的人往往缺点也很突出，审视其缺点时要看主流"。以下是任正非在 2012 年 7 月 27 日 EMT 办公例会上的讲话：

> 我在 2012 实验室讲一下战俘和完人的故事，我们不需要那么多完人。麦凯恩竞选美国总统的时候说了一句话："我在越南当过俘虏，我为国家出过力，所以我要竞选总统。"美国英雄主义的价值观，也促使美国强大。
>
> 公司要崇尚一种价值观，也要容忍一部分英勇的人有缺陷。对优秀人员，是对他的约束多一点还是激励多一点？还是要激励多一点。不能要求他们成为完人，优秀人才的劳动态度考核并不重要，结果才是最重要的。但对一般性的人员，没办法很清晰地评价结果，结果评价的成本高，所以我们把劳动态度作为约束条件。劳动态度的评价结果，不作为破格升级的必要条件，只是给各级部门一个信号，不要动不动就把这个作为武器去约束一些特殊人才。以后破格提拔的，大部分可能会是专家，对于管理干部，任用机制慢慢走向正轨以后，大多数干部的评价还是得到肯定的，有部分专家可能是埋在深山里面，大家不知道，会突然冒出来。

当有人告诉林肯总统，他新任命的总司令格兰特将军有贪杯的毛病时，林肯回答道："要是我能知道格兰特将军喝的是什么品牌的酒的话，我就会向其他各位将军也各送上一桶。"林肯是在肯塔基和伊利诺伊州边境长大的，他不可能不知道喝酒的危害。然而他也知道，在所有的联邦政府将军中，只有格兰特被证明是有能力运筹帷幄、决胜千里之外的。事实也证明，任命格兰特将军为联邦军总司令已成了南北战争的转折点。这是一次非常成功的任命，林肯的用人政策是求其能发挥专长，而不是考虑他必须是个"完人"。

美国钢铁工业的老祖宗安德鲁·卡内基的墓志铭上有一句话，可以说是对此再好不过的注解了："这里躺着的人，懂得如何使能力比自己强的人在他的手下充分发挥作用。"

正如美国管理学大师德鲁克所说："除非管理者能刻意发掘下属的长处，并试图在工作中发挥他们的这些长处，否则的话，他将会面临一种'这个做不了，那个又不能做，到处是缺点，既完不成任务，又缺乏工作效率'的局面。"

德鲁克强调，衡量员工的优点与缺点只有一个标准，那就是能否为客户创造价值。至于老板或上司喜不喜欢，那并不重要。既然如此，管理者最重要的工作，就是以客户为标准去发现人的长处，发现长处就等于发现业绩的重大机会。不仅要发现自己的长处，还要发现上司、同事、下属甚至客户的长处，即"360度发现长处"。德鲁克一针见血地指出，一个管理者如果过于在乎下属不能干什么，而不是在乎他们能干什么，不是在乎如何去回避下属的缺点，不是考虑如何发挥他们的优点，这说明他本身可能就是个弱者，因为自己不行，于是就将别人的长处当成对自己的一种威胁。

华为强调，要承认不同人才在组织中的不同价值贡献，各类人员存在的问题和面对的挑战也各不相同。为此，不能简单、机械、教条地用一套人力资源方法去解决各自不同的问题。

一个了解自己士兵的将军才能带领军队打胜仗，一个了解自己学生的老师才能上好课，一个了解自己球员的教练才能带领队伍赢得球赛。同样，一个了解自己员工的领导才能带领企业成功。在华为，市场部、研发部以及服务部等，各个部门领导都管理着一大批员工。作为部门领导，要对员工的行为做出正确的判断，就要和员工进行更多的沟通，更多地了解员工的想法，尽量做到既不姑息养奸，也不错怪好人。任正非曾经说过，华为最大的优势和劣势都是年轻。年轻人不怕失败，有冲劲，是华为的希望；同时，年轻人也容易冲动、易犯错误。因此，任正非提醒公司各级领导人，要严格把关，正确引导下属的行为，鼓励下属改进。

任正非表示："思想不经磨炼，就容易钝化。那种善于动脑筋的人，就会越来越聪明。他们也许以身尝试，犯些小毛病。各级领导要区分他们是为了改进工作而惹的病呢，还是责任心不强而犯下的错误。是前者，你们要手下留情。我们要鼓励员工去改进工作。"

任正非在其 2016 年新年致辞中再次提到了"要不拘一格用人才，让胜利的旗帜高高飘扬"。他这样说道：

我们要对各级优秀干部循环赋能，要在责任结果的基础上，大力选拔干部。内部成长永远是我们主要的干部路线。我们要用开放的心胸，引进各种优秀人才。要敢于在他们能发挥作用的方面使用他们。

我们要不拘一格地选拔使用一切优秀分子，不要问他从哪里来，不要问他有何种经历，只要他们适合攻击"上甘岭"

（包括各部门、各专业、各类工作。不要误解了只有合同获取才是上甘岭）。我们对人才不要求全责备，否则优秀人才就选不上来，"完人"又做不出大贡献。除了道德遵从委员会可以一票否决干部外，对工作中的差错，要宽容。不抢答的干部不一定是好干部。看风使舵，跟人、站队，容易产生机会主义。选拔各级干部要实行少数服从多数的表决制，向上级团队报告应是本团队的集体意见，应告知上级团队每一个人。私下与上级团队沟通的内容，以纪要形式再在上、下两级团队中沟通。对破格提拔的，推荐人要在两年内承担连带责任。即使道德遵从委员会一票否决，但否决期只有6个月，6个月以后可以重新提名。如果被否决者已改正，就可以不再否决，就可以使用。不要随意否定一个冲锋的干部。我们一定要促使千军万马上战场。

第 **4** 章

激励上向奋斗者倾斜

CHAPTER 4

　　要明确员工在华为公司改变命运的方法只有两个，一是努力奋斗；二是贡献。我认为认知方面的能力不能作为评估要素确定员工的命运，就是我们打比方说过的"茶壶中的饺子"，倒不出来，不产生贡献，就不能得到承认。要通过奋斗，形成结果，才能作为评估要素。

提倡拉大差距

在 2014 ～ 2015 年大幅度提升工资基线后，华为员工每级工资差距大概在 4000 元。13 级工资水平为 9000 ～ 13000 元，14 级为 13000 ～ 17000 元，15 级为 17000 ～ 21000 元，16 级为 21000 ～ 25000 元，17 级为 25000 ～ 29000 元，越往上薪酬差距越大。华为有句俗语很好地描述了收入情况："3 年一小坎，5 年一大坎。"意思是入职华为 3 年内大部分靠工资，3 年后奖金逐步提高，5 年后分红逐步提高。

按华为《2015 年虚拟受限股分红预通知》，每股分红 1.95 元，升值 0.91 元，合计 2.86 元，工作 5 年基本可达 15 级，饱和配股 9 万股，税前分红 + 升值达 2.86×9 万 = 25.74 万元。即使不饱和配股，基本分红也可以达到税前 20 万元。工作 10 年，17 级配股普遍超过 20 万元，税前分红 + 升值超过 50 万元，而 23 级虚拟股票超过 200 万股，税前分红 + 升值超过 500 万元。

其实华为一开始就在实行全员高薪制度，只是现在华为更敢于这样做。

1993 年年初，作为软件工程师进入华为的刘平，之前在上海交大当老师，工资 400 多元一个月，这还是工作 8 年的硕士研究生的待遇。来到华为后，他当年 2 月份的工资是 1500 元，比当时上海交大的校长工资还高，而且他 2 月份只上了一天班，结果拿到了半个月的工资！这让刘平大感意外，深受感动。第二个月，他的工资涨至 2600 元。之后，令刘平激动的是，每个月工资都会上涨，1993 年年底，他的工资已涨到 6000 元。这一年，他的年薪为 4.8 万元。

华为之所以这样做，是因为任正非相信，企业可以高价买元器件，高价买机器，也可以高薪买人才。

在薪酬分配方面，华为大量借鉴了业界的标准方法，但在这些方法中植入了华为的特质。比如："以岗定级"，采用了定制后的方法来做职位评估；"以级定薪"，是华为自己的实践。华为人力资源部成员一起讨论，做方案，把职位职级跟业界对标，确定其薪酬定位；"人岗匹配、易岗易薪"也是华为的实践创造和总结，体现了责任挂钩。到了这个岗位，在岗位上做出了贡献，那就获得相应合理的回报；在这个岗位，薪酬区间就清楚了，但能不能获得这些回报，还取决于员工在这个岗位干得怎么样，胜不胜任。而且如果被换岗了，薪酬会随着岗位变化而调整。这使得薪酬回报跟责任贡献弹性挂钩。这在业界都是没有的，但落实了公司责任结果导向的管理理念。

任正非表示：

> 管理好员工的分配结构，关注到公司的每个角落，让人人都能分享到公司成长的收益。

薪酬激励的对标分析要提高合理性，要管理好拉车人和坐车人的分配比例，让拉车人比坐车人拿得多，拉车人在拉车时比不拉车的时候要拿得多。

在进行公司员工薪酬水平与社会水平对比时，高级干部要去掉股票分红，基层员工要去掉加班工资，再作薪酬激励的社会对比，这样才能建立合理的薪酬激励对标管理。员工的货币资本所得（指员工获得虚拟受限股所带来的收益）管理要考虑员工过去的劳动回报，在当时历史条件下做出的贡献，不能用今天来否定过去；而员工的人力资本所得（指员工获得的工资性薪酬、年度奖金和 TUP 等累计的总收益）更多要看现实表现。

要管理好员工货币资本所得和人力资本所得的分配结构，货币资本所得保持合理收益即可，其他收益全部给人力资本所得。我们不能通过股票大量分红来过度保障退休员工的收益，而是要切实保障作战队伍获得大量的机会。

我们已初步确定了员工的激励结构分配系数，这个比例可以继续摸索下去，这就是两个大包的分享机制。具体到每个人的纵向分享机制，可以进一步再来研究。这样，让拉车的人比坐车的人拿得多，"获取分享"的价值分配理念驱动公司长期健康发展。

让拉车的比坐车的人拿得多，同时还要区分时间段，拉车人在拉车时比不拉车的时候要拿得多。比如：中国远洋船，船员上岗津贴税后 5 万多，下来待岗休息时的基本工资只有 1800 元。员工中凡是有从事第二职业、赌博行为的，一旦被道德遵从委员会发现，就可以直接辞退、清退。

任正非表示：

差异化管理各类人员薪酬，激发员工的活力。特殊专业人群可以采用特殊方式的用工和激励方式，如厨师可以拿提成，多劳多得，抢着出单，才能促进服务质量的提高；法务、翻译等人群，可保留和激励自己的骨干作战队伍，也可以临时用社会上的资源，比如同声翻译，短期雇佣一次，表面上看起来会花不少钱，实际使用起来的总成本还是降低了；文字翻译，只要能及时交付翻译稿件，也可以在家里上班。建立这样的社会平台组织，我们自己的组织就缩小了。

在海外薪酬福利管理要简单化，逐步走向像西方的市场化管理。已经实行全球 P50（本公司某个职位的薪酬处于本行业本地区薪酬的中间水平）高工资的人很多补贴要取消，要建立一个制约措施，不能让大家比赛浪费，过多的补贴不一定让战斗力增强，可能还是惰怠的，不是激励性的。若大家不愿意去利比亚、伊拉克等地区，可以提高特有的激励待遇体系，这是激励措施不是补贴。以前我们为了阿富汗能去 18 个人，却采取各种全球化的限制方案，把整个组织都压得喘不过气来，现在的做法就是用阿富汗、伊拉克或新疆等地区的特有激励方案牵引大家去，别的体系则正常运作。

任正非表示：

　　我们未来人事体系薪酬的变革，要面对竞争激烈的生态环境做出反应，我们要更多地向奋斗者倾斜，向成功倾斜。虽然，我们面对的环境越来越困难，但并不影响我们推动薪酬合理化。我们的同等贡献的人员，薪酬上为什么不可以向爱立信、思科它们看齐？我们要推行本地化薪酬，为一些不能全球化的中低端职务设计职级待遇，这样的职级待遇在当地是合理的，并略高于当地优质企业。一些人有家庭困难，而且非他照顾不可的，各级干部要理解他们，也不要把他们选入关键岗位，以免不能全球化，使大家尴尬。也要应他们的要求允许他们辞职，重新选择职业。当然华为有机会，他们本人也愿意薪酬本地化，也可以重新就业。

　　我们一定要贯彻不同的业务岗位，职级是封顶的，不管你资格有多老，贡献不涨，薪酬不能涨。在一些全球化职位上，不仅要设计任职期限，还要有工龄限制，防止一些地区、一些岗位有长期的人才沉淀。总之我们要按贡献拉开待遇差距，促使所有的人在任职期间必须努力。我们老是向左看齐，为什么不向右看齐。为什么不敢拉开差距？但是我们不要再像过去的刚性薪酬那样僵化，我们把薪酬分成多少段，这一段是岗位津贴，那一段是什么，你这个岗位没有了，这津贴就没有了。

对全体员工的激励与约束体系，为企业提供的是持续不断的内部动力。企业必须通过科学的评价制度，在定性上，确定谁是奉献者，谁是偷懒者；在定量上，要明确每一个人的价值贡献。其中的关键是由人评价人转向用制度评价人。企业必须通过公正的分配制度，给予不同价值贡献者以不同的回报，并通过回报体系的设计，激励员工的价值创造行为。

"效益优先、兼顾公平是市场经济的特点。如果倒过来公平优先、兼顾效益，这个社会就要垮掉了，因为没有火车头了。社会要富裕，必须要有火车头拉着跑。火车头拉的时候，就要有动力，这个动力就是差异。"任正非如是说。

实际上，华为倡导分配逐渐向优秀员工倾斜，是通过差异化策略来实现的。例如，贡献突出的拿得多，反之则拿得少。还有就是利用绩效考核拉大员工之间的差距，给予高绩效人员更高的报酬和待遇。

2013年，任正非在广州代表处座谈时这样说道：

> 我们过去的薪酬制度是比较平衡的，那些聪明的人就跑了。那为什么我们成功呢？我们这些人都从一个孔流出去，这个水很厉害，就征服了客户，给了我们很多机会，而我们现在的改革则是让公司的优秀分子发挥作用，就是要拉开差距。水是自动从高处流到低处的，我们现在要把大家的能力发挥出来，我们就要把水从低处抽到高处去，再用水泵"啪啪啪"把水扬到高处去，发挥更大的作用。现在我们的考核机制就要开始改变，开始加大奖金的差距，尤其是在一线、在基层。工资体系还是太难改，盲目改就会出现很大的问题，所以我们先从奖金改起。如果大家已经明显感到干得好的人、奖得多的人、优秀的人都觉得不用走了，那我们的优秀分子就增多了。

这种差异化的策略激活了内部竞争，好的更好，坏的得到清除；同时，也体现了公平的原则，优秀的员工通过努力，不断实现自我价值，使懒人、庸人无机可乘。任正非表示："我们公司的薪酬制度不能导向福利制度。如果公司的钱多，应捐献给社会。公司的薪酬要使公司员工在退休之前必须依靠奋斗和努力才能得到。如果员工不努力、不奋斗，不管他们多有才能，也只能请他离开公司。"

华为公司在对员工进行绩效考核上采取定期考察、实时更新员工工资的措施。员工不需要担心自己的努力没有被管理层发现，只要努力工作就行。华为的这种措施保证了科研人员比较单纯的竞争环境，有利于员工的发展。

在保持绩效考核合理性的同时，为了减少或防止办公室政治，华为公司对领导的考察上也从三维角度进行，即领导个人业绩、上级领导的看法以及领导与同级和下级员工的关系。领导正式上任前要通过 6 个月的员工考核，业绩好只代表工资高，并不意味着会被提升。这样的领导晋升机制从道德角度和利益角度约束了领导的个人权利，更加体现了对下级员工意见的尊重。

华为一直注重分配体系向奋斗者、贡献者倾斜。在华为电邮文号［2011］16 号，《从"哲学"到实践》的文章中有这样的记述："公司的价值分配体系要向奋斗者、贡献者倾斜，给火车头加满油。我们还是要敢于打破过去的陈规陋习，敢于向优秀的奋斗者、成功的实践者、有贡献者倾斜。在高绩效中去寻找有使命感的人，如果他确实有能力，就让他小步快跑。差距是动力，没有温差就没有风，没有水位差就没有流水。我主张激励优秀员工，下一步我们效益提升就是给火车头加把油，让火车头拼命拉车，始终保持奋斗热情。"

为了保证公司内部管理公平，并持续保持激活状态，2006 年来，华为推行"以岗定级、以级定薪、人岗匹配、易岗易薪"的薪酬制度改革，根据岗位责任和贡献产出，确定每个岗位的工资级别；员工匹配上岗，获得相应的工资待遇；员工岗位调整了，工资待遇随之调整。华为人力资源委员会认为，这次改革受益最大的，是那些有奋斗精神，勇于承担责任、冲锋在前并做出贡献的员工；受鞭策的，是那些安于现状，不思进取，躺在功劳簿上睡大觉的员工。"老员工如果懈怠了、不努力奋斗了，其岗位会被调整下来，待遇也被调整下来。"

华为在报酬方面从不羞羞答答或遮遮掩掩，而是公开，坚决向优秀员工倾斜。

在华为早期，曾用 4 万元的年薪聘请了一位从事芯片研发的工程师。这位工程师来到华为以后，为华为攻破了一道道难关，为华为做出的贡献远远高于 4 万元。公司也看在眼里，不久就给他加薪，并且一次性将他的年薪涨到 50 万元。

对于这件事，任正非说："拿下狮子周围那些领地来，会有你们各自的份额。"可见，华为坚决执行向优秀员工倾斜的制度的决心和力度。这刺激了员工不断前进的欲望。更重要的是，很多本来优秀的员工也愿意付出更多的热情、心血和努力投入公司的发展浪潮中，与企业共存亡。

为了完善分配体系，让优秀员工得到合理的回报，华为还研究了很多国外先进的管理模式，并把它们引入管理中来。任正非要求华为大胆尝试，大胆改革。

奖励无上限

2015 年以来，在各部门的共同努力下，通过各项管理改进活动，华为节约了较大幅度的运营成本与费用。据不完全统计，2015 年华为产品成本管理节约 3.28 亿美元；风险应收回款避免了损失约 3 亿美元；服务成本降低 1.95 亿美元；公司车辆、场地、物业和后勤支撑等行政费用优化节约 5300 万美元；存货优化管理节约 4970 万美元；物流成本节约 2980 万美元，资产盘活节约成本 1986 万美元。

于是，华为公司做了一件让别的公司员工特别羡慕的事情，就是将这些节省下来的钱直接发放给员工。华为 2015 年公司管理改进所分享的节约奖励，共计 1.77 亿美元，发放对象是所有在职的华为发薪员工，每人 1000 美元，随 11 月份工资以本地货币方式予以发放。

2014 年，华为启动 13/14 级基层员工的调薪，平均涨幅 30%，部分甚至超过 70%，新招应届生起薪 1 万元 / 月。华为因此每年将多付出10 亿元。

华为的奖励真是名不虚传的"无上限"。

华为反腐累计追回资金 3.7 亿元。2014 年 10 月，华为董事会决定将 3.7 亿元用于奖励那些遵纪守法的职工。按照当时华为员工数，每位华为员工将会获得数千元奖金。这笔追缴资金以奖金形式随 11 月份工资一起发放。

华为曾给一个项目组奖金 600 万元。从艰苦地区和重大项目中提拔有成功实践经验的干部是公司一贯的干部选拔导向。2012 年 10 月，埃塞俄比亚电信网络扩容项目 LOT1 中，华为中标 50% 市场份额，并规模进入首都价值区域，规模搬迁现网设备，一举扭转了埃塞俄比亚市场格局。经总裁批准，特对北非地区部、公司重大项目部、埃塞俄比亚代表处及相关项目组颁发总裁嘉奖令，予以通报表彰。同时，给予项目组 600 万元的项目奖励，并对在此项目做出突出贡献的项目组关键成员予以晋升，以资鼓励。

奖金在华为实施"分灶吃饭"后，不同 BG（业务集团），不同体系差别很大，且奖金跟当年绩效强相关，所以奖金是千差万别。例如 2015 年终端 BG 一年发了 2 次奖金，让其他 BG 羡慕、嫉妒、恨！但是因为奖金扣税太厉害，所以高层和中层的奖金反而差距没有那么大。例如，同为 15 级，同为绩效 B+，无线研发可能税前 15 万元，业软研发可能 5 万元，终端研发可能 20 万元，GTS（全球技术服务）可能 18 万元，海外销售业绩好的代表处销售经理 30 万元，差的可能只有 10 万元。

一般入职 5 年，绩效中等以上，职级 15 级，年薪税前 30 万 ~ 50 万元；入职 10 年，绩效中等以上，职级 16 ~ 17 级，年薪税前 50 万 ~ 100 万元。职级 18 级以上，考评中等以上，年薪税前都超百万，估计数目数千人，加上海外常驻人员外派补助，年薪税前超百万人数估计超万人。

比如，某地区部销售副总裁，职级 22 级，类似级别华为有千人左右，占比低于 1%，地区部副总裁及以上，产品线副总裁级别及以上，入职在 2000 年前，其收入构成如下：

◆ 分红：307 万元（税后）

◆ 奖金：46 万元（税后）

◆ 工资：82500 元（税前）

◆ 离家补助：43 万元

任正非在内部讲话中这样说道：

所有细胞都被激活，这个人就不会衰落。拿什么激活？血液就是薪酬制度。社会保障机制是基础，上面的获取分享制是一个个的发动机，两者确保以后，公司一定会持续发展。"先有鸡，才有蛋"这就是我们的假设。因为我们对未来有信心，所以我们敢于先给予，再让他去创造价值。只要我们的激励是导向冲锋，将来一定会越来越厉害。

仅基本工资就高出别的企业好几成的华为，自然不会在福利待遇等方面输于别人。

在创建初期，经济条件比较困难，当时华为对因工死亡或伤残员工的额外补偿比较低。现在经济效益好了，华为没有忘记这些员工为公司做出的贡献。

从 1996 年起，华为开始发相当于工资 15% 的"补充"保险（华为称为"安全退休金"），并且每隔两年便直接打到员工的银行账户上去。所谓的"补充"保险，就是在员工工作的时候就把员工养老的钱发了。

任正非在与管理层的一次会议中这样说道：

　　不能因为拿了 500 股，就放弃加班费，放弃很多收入，就吃亏了。为什么要让干了活的吃亏呢？干活的人就应该要拿好处，要打的是不干活的人。

　　不要加班工资他是不是收入会减少呢？加班就应该拿加班的钱。我就不赞成"义务"这个词。我认为我们的价值观，就是国家的价值观，"各尽所能，按劳分配，多劳多得"，不劳就不得。但是不劳不得也是有局限性的。刚刚有人提到退休的员工就不拿分红，他虽然现在"不劳"了，他也应得到啊，因为他曾经奋斗过，你也会退休的啊！

强调及时奖

任正非所谓的"项目奖""过程奖"，强调的是奖励要及时。一位华为人有着这样的记述：

"东北欧运营商多而散，大颗粒项目少，订货增长较慢。经过分析，郑恒峰认为：'土豆还埋在地里，要填饱肚子，就要靠我们精耕细作，到地里再去挖一挖。'结合当年地区部抓盈利的契机，他们成立了无线存量经营工作组，制定了'抓存量、定目标、勤分析、悬赏制'的工作方案。经过辅导与激励，大家热情高涨。

"在 2012 年 8 月份，项目组一共梳理出近 7 千万美元的市场机会点，并提出 40 万元的激励计划。地区部总裁听到消息，当场表态：'我们就是砸锅卖铁也要给大家兑现这些激励！'到了年底，销量惊人，地区部一共发出去 80 多万元的及时激励。无线市场盈利大幅提升，直接带动地区部整体上扭亏为盈。而他也因此拿到了海外年度考评 A 的佳绩。"

任正非表示："我坚决反对年终奖的制度。年终奖制度是最落后的制度，要强调过程奖、及时奖。比如应有 50% 幅度的过程奖在年终前发完，没有发完的，到年终就不发了，不给你了。这样逼各部门争取及时奖。我们强调项目奖、过程奖、及时奖。"

有一家公司要搞一个新项目，该项目是由几个年轻的"80后"员工负责的。一个星期过去了，他们没有一个人能提出创新的想法。无奈之下，主管就说要是谁先想到的话就奖励1000元。当时主管也是随口说说，说完就走了。结果到了第二天早上9点，这几个员工都还没来上班。打电话一问才知道，原来他们工作到凌晨2点，一个晚上就把工作做好了。

项目完成后，主管立即兑现了他的承诺，而这几个员工的工作热情也高涨了很多。

这里不是要给"80后"员工贴上物质化的标签，但是从该案例中，我们可以看到，这种立即兑现的奖励更能激发员工的创造性和积极性。我们都知道，新生代员工并不缺乏创新和激情，缺的是一种有效激励的机制。其实，他们的思想很简单：你给我多少钱，我就给你做多少事，而且先给予我再做，没有耐心长期等待公司未来可能变化的奖励。这就出现了给予与付出之间的时间差。在这个环节中，管理者要调整的是自身，而不是员工。管理者要适当调整原有的马拉松式的奖励方式，要把即时奖励、即时兑现常态化。这是为什么呢？

根据"近因效应"，人对于近期所发生的事情的记忆远比中期和远期的深刻。所以，如果奖励的时间拖得越长，激励效果就越不明显。所以到了年终，即使经理对所要奖励或表扬的人和事有印象，可是时间长了，再激励时，员工已经没有了激情。而受激励的员工因为时间太久，自己都有些淡忘了，再提起来，也只是淡然一笑，已没有当时的喜悦和幸福感。因此，管理者要做到及时激励，这是管理者必须学会的一件事情。古人云"赏不逾时""罚不迁列"，是什么意思呢？就是奖赏不能错过时机，惩罚不能等到士兵离开队伍后再去执行。只有及时奖惩，才能使人们迅速看到做好事的利益或是做坏事的后果。

这种即时的、自发的奖励，由于其灵活性较大，激励效果显著而被很多企业广泛地运用和推广，而且效果都不错。如思科的"CAP"的现金奖励，该奖项的金额从 250 美元到 1000 美元不等。一个做出杰出贡献的思科员工，可以由任何人提名来角逐这个奖项。一旦确认，这名员工就可以及时拿到这笔现金奖励。

2015 年，根据上半年经营情况，按照获取分享制，华为消费者 BG 在第三季度提前启动 2015 年奖金评议和发放。一年开展两次奖金评定，在华为历史上鲜有先例，它的背后又意味着什么？2015 年 7 月，华为消费者 BG 总裁余承东在发布的 2015 上半年致辞中表示，华为消费者 BG 5 月底已提前完成公司制定的上半年经营目标，并将对员工进行及时激励。

任正非表示："未来激励导向调整的原则是，降低长期回报，增加短期回报。降低资本的收入，增加劳动的收入。压缩分红，提高奖金。"

终极的激励手段

荣誉激励是一种终极的激励手段，它主要是把工作成绩与晋级、提升、选模范、评先进联系起来，以一定的形式或名义标定下来，主要的方法是表扬、奖励、经验介绍等。荣誉可以成为不断鞭策荣誉获得者保持和发扬成绩的力量，还可以对其他人产生感召力，激发比、学、赶、超的动力，从而产生较好的激励效果。从管理学来看，追求良好声誉是经营者的成就发展需要，或归于马斯洛的尊重和自我实现的需要。

行为科学认为，人的行为是由动机决定的，而动机则是产生于需要。也就是说，人的需要是产生行为的原动力。因此，满足需要是调动人的积极性的重要途径。如果我们承认马斯洛的自我实现的需要是人类最高层次的需要，那声誉就是一种终极的激励手段。经济学家从追求利益最大化的理性假设出发，认为经营者追求良好声誉是为了获得长期利益。

美国著名成人教育家卡耐基曾写出享誉全球的名著《人性的弱点》《人性的优点》《人性的光辉》等，成为《圣经》之后人类出版史上第二大畅销书。他指出，为人处世基本技巧的第一条就是"不要过分批评、指责和抱怨"；第二条是"表现真诚的赞扬和欣赏"。荣誉是众人或组织对个体或群体的崇高评价，是满足人们自尊需要，激发人们奋力进取的重要手段。从人的动机看，人人都具有自我肯定、光荣、争取荣誉的需要。对于一些工作表现比较突出、具有代表性的先进员工，给予必要的荣誉奖励，是很好的精神激励方法。

荣誉是贡献的象征，每一个员工都有一种强烈的荣誉感。当获得某种荣誉时，就能增强信心，就会对企业怀有满腔热情，体会到自己生活在世界上的价值。因此，满足员工的荣誉感，可以迸发出强大的能量。许多企业从员工这种特殊需要出发，通过给予员工各种荣誉，收到了调动员工积极性的最佳激励效果。

拿破仑一生中指挥过大大小小 60 多个战役，常常以少胜多，在世界军事史上写下了浓墨重彩的一笔。马克思赞许拿破仑是一位"伟大的军事家"，恩格斯在他的许多军事著作中，都把拿破仑指挥的某些战役称为"具有历史意义的卓越范例"。可以说，拿破仑善于用荣誉激励部属，是其统兵艺术的一个闪光之点。

拿破仑主张对军队"不用皮鞭而用荣誉来进行管理"，认为一个在伙伴面前受了体罚的人是不能对荣誉有所感受的。

在征服意大利的一次战斗中，拿破仑夜间巡岗查哨，发现一名士兵斜倚着树根睡着了。他没有喊醒哨兵，却拿起枪替哨兵站岗。哨兵从沉睡中惊醒，认出了正在替自己站岗的司令官，十分恐慌和绝望，跪倒在他跟前，请求处罚。拿破仑和蔼地说："朋友，你们艰苦作战，又走了那么长的路，打瞌睡是可以理解的。但是目前，一时的疏忽就可能断送全军。我正好不困，就替你站了哨，下次可要小心。"

众所周知，哨兵在岗位上睡觉，是要以军纪论处的，但拿破仑对长途跋涉、疲惫不堪而偶尔失职的哨兵却没有那样做，而是带着关爱的情感批评哨兵，这就使得哨兵从内心拥护他，爱戴他，不折不扣地执行他的命令。

另外，激励是对表现好、素质高的员工的一种肯定，应将其纳入"能上能下"的动态管理制度。

任正非曾这样说过：

我们不仅在经济待遇上要提升能工巧匠的待遇，以逐步达到国际标准。当然，我们的工作标准也要国际化，我们也要在政治上肯定他们，提升他们的地位，培养他们的自豪感与自信心。通过QCC（品管圈）、合理化，他们也参与了管理，这培养了他们的技能。对他们的成绩要给予肯定。如果是他们发明的方法，也可以用他们的名字来命名。

另外，华为各种各样的奖励令人应接不暇，还专门成立了一个荣誉部，专门负责对员工进行考核，评奖。只要员工在某方面有进步就能得到一定的奖励，华为要对员工点点滴滴的进步都给予奖励。华为的荣誉奖有两个特点：第一，面广人多，所以员工很容易在毫无察觉的情况下得知自己获得了公司的某种奖励。只要你有自己的特点，工作有业绩，你就能得到一个荣誉奖。新员工有进步奖，你参与完成了一个项目就有项目奖。第二，物质激励和精神激励紧紧绑在一起。只要你获得了任意一个荣誉奖，你就可以随之得到一定的物质奖励，而且荣誉奖没有上限。

任正非表示：

非物质激励主要要管理好机会激励、思想激励。非物质激励应该是让多数人变成先进，让大家看到有机会，拼命去努力。如果只有少数人先进，被孤立起来，其实他内心是很恐惧的。我认为金牌奖比例还是太少，华为绝大多数人是先进人物和优秀分子，愿意发钱就发钱，即使发个奖章也好。

2013 年 8 月，中亚地区部 AT（行政管理团队）会议通过决议，对在华为当地子公司、办事处工作 10 年及以上的本地员工颁发"华为奋斗奖"并授予银牌，并将本地员工的姓名刻在奖牌上。从 2013 年起，每年颁发一次。

任正非在其文章《再论反骄破满，在思想上艰苦奋斗》中这样写道：

我们将表彰各行各业的优秀能手，评选优秀的厨工、清洁工、焊工、插件工、库工、备件管理员、房管员、打字员、话务员、司机、秘书、装机工程师、编辑、翻译、会计、审计、采购……营销能手、策划能手、商务管理能手、销售能手……将在各行各业进行比赛，选拔优胜者。我们只有不断地选优下去，我们才能葆有生机。

任正非在与华为道德遵从委员会就非物质激励工作优化的座谈会中这样说道：

扩大对优秀员工表彰的激励面，公司要鼓舞正气上升，让英雄辈出。国家可以"六亿神州尽舜尧""遍地英雄下夕烟"，我们为什么不可以英雄辈出。做出优秀贡献的员工，发个金牌，人人都可争当英雄。有人的地方就有英雄。我认为公司每年30%～40%表彰覆盖面应该是可以接受的。比如，公司或部门金牌奖5%～10%由行政管理团队管理，公示接受员工评议；道德遵从委员会组织民主评选的"明日之星"覆盖率达20%或多一点。这么高的覆盖率，大家都有可能被评选上，才会去积极争取。公司在非物质激励的管理上，也会增加机会激励。

我们最重要的是要把千军万马调动起来积极上战场，充分发挥员工的潜能，推动一种新的井喷。公司这几年的盈利都很好，表彰要舍得花钱，别抠门。要使奖励形式多样化，奖牌要高级，能让人一辈子得到鼓舞。各部门须举行正式的颁奖仪式，对"明日之星"获得者颁奖表彰。获奖信息记入员工荣誉档案。

除了运动之外，任正非还喜欢用选举的方式选出公司的英雄来，作为激励的榜样。

任正非这样说道："道德遵从委员会组织民主选举'明日之星'，按公司总人数20%左右的比例评选。公司已经授权道德遵从委员会组织民主选举出20%的英雄。我们先把这20%的人表彰了，心声社区和《华为人》报紧接着进行报道，相信两三年后我们这支队伍一定会嗷嗷叫。"

2015年，华为按总人数20%左右的比例民主评选"明日之星"，扩大对优秀员工表彰的激励面，鼓舞正气上升，让英雄辈出。

2015 年，华为启动首届"明日之星"民主评选活动。不同于其他奖项，"明日之星"是通过员工集体讨论和民主选举产生，获奖比例高达 20%。有人的地方就有英雄，让员工发现自己身边的英雄。"明日之星"鼓励正气上升，营造了千军万马上战场的氛围。

"明日之星"奖项自设立以来，已进行了两届评选，第一届共评选出 36058 位"明日之星"，第二届截至 2016 年 2 月 1 日共有 29179 位员工当选"明日之星"。

华为还设有"天道酬勤"奖。天道酬勤奖自 2008 年设立至 2016 年 2 月，已经过去了 8 个年头，第一年获得天道酬勤奖的员工有 17 人；2016 年，有 527 人获得该奖项。到目前为止，这个数字已经累计增加到了 1667 人。而 2016 年获得该奖的华为人的奖章也很特别，是一块芭蕾脚水晶砖。其寓意为，伟大的背后都是苦难，胜利的背后洒满汗水。

对华为员工来说，一年一度的"金牌个人""金牌团队"的荣誉激励应该是最激励人心了。2014 年，华为又将激励范围扩大，表彰历年来为华为管理体系建设做出历史贡献的"蓝血十杰"（含离职、退休人员）。各体系、产品线、研究所、基层部门也开展了富有特色的非物质激励活动。比如，无线 20 年的纪念指环，无线以员工名字命名的指环的金点子，固定网络产品线已持续 6 年的"金网络"奖，2012 实验室每年举行"幸福的金牌"活动等，不胜枚举。

2016 年 1 月，深圳洲际酒店的华为市场颁奖典礼分外火爆。2015 年，华为销售收入 3900 亿元，聚焦管道战略见效显著。其中，运营商 BG 订单销售额第一次突破 500 亿美元，消费者 BG 手机销售超 1 亿部，企业 BG 数通产品首次中国市场销量第一，企业 BG 首次扭亏为盈，取得历史性突破。

在这次会议上，一大批团队获得表彰。最佳销售项目、最佳交付项目、竞争优胜奖、战略项目奖、区域能力提升奖、最佳专业支撑、最佳机关支持、区域优秀 BG、优秀大 T 及子网系统部、优秀单国运营商系统部、战略竞争奖、特别贡献奖、优秀小国经营奖、代表处经营优秀奖、地区部综合绩效奖……市场战线一大波重量级奖项揭晓，共有 342支金牌团队获得表彰，573 人获得公司级金牌个人奖。东北欧地区部摘得最重量级的地区部综合绩效奖一等奖。

这次颁奖典礼新增了两个奖项："优秀企业 NA 系统部奖" 和 "优秀行政服务奖"。

"优秀企业 NA 系统部奖"，在企业业务领域有一群作战团队，他们聚焦高价值 NA，不断突破和纵深，一次次地写下了从无到有、从弱到强的奇迹；在企业市场树立起一座座明亮的灯塔，为企业市场的发展照亮广阔的海域。

阿富汗、刚果、安哥拉、尼日利亚……很多艰苦地区的员工有了更现代化的办公环境，住进了温馨舒适的宿舍，在干净卫生的食堂就餐，用员工自己的话说 "哇，高大上" "幸福指数噌噌噌上升" ……获得 "优秀行政服务奖" 的优秀行政服务人员逐渐向专业化、职业化和科学化管理转型，在行政后勤供应商汇聚、业务模式优化等方面成绩卓越，保障员工健康和安全，有效支撑业务主管聚焦作战，多打粮食。

美国 IBM 公司有一个 "百分之百俱乐部"，当公司员工完成其年度任务后，就被批准为该俱乐部会员，员工及其家人将被邀请参加隆重的集会。结果，公司的雇员都将获得 "百分之百俱乐部" 会员资格作为第一目标，以获取那份光荣。

对于员工不要太吝啬，一些名号、头衔可以换来员工的认可感，从而激励起员工的干劲。日本电气公司在一部分管理职务中实行"自由职衔制"，就是说，可以自由加职衔，取消"代部长""代理""准"等一般普遍管理职务中的辅助头衔，代之以"项目专任部长""产品经理"等与业务内容相关的、可以自由授予的头衔。

斯大林是最善于运用荣誉激励艺术的军事家之一。他对任何荣立战功的部队，上自元帅，下至士兵，无不给予相应荣誉。他非常懂得运用荣誉激励的奥妙之处。在反法西斯战争期间，对立功部队的指挥员及其领导人，除颁发由他亲手签发的嘉奖令并通过莫斯科电台向全世界播放外，还在首都为他们隆重地鸣放礼炮、点放礼花。他还根据立功的大小，亲自制定鸣放礼炮的 3 个等级。整个"卫国战争"期间，斯大林总共下达过 373 次嘉奖令，鸣放礼炮 353 次。由于这种嘉奖声势浩大，规模隆重，对有功部队和全军将士起到了激励作用。

我们经常看 NBA 比赛，对奥斯卡获奖影片也不陌生，但对两件事可能会不理解：NBA 明星中为什么有那么多人有荣誉称号呢？比如，最佳助攻手、最佳三分扣篮手、篮板王、最有价值球员奖、最佳新人、最佳第六人等，究竟哪个人是最佳的呢？

奥斯卡究竟有多少奖项呢？比如，最佳导演奖、最佳舞台灯光效果奖、最佳服装设计奖等。但是，虽然有这么多的奖项，却一点也没有"虚"的感觉，因为它们的名字比较实在。

从 NBA 和奥斯卡的奖项设置中，可以总结出这样一个道理，即奖项并不怕多，但一定要实在，要有针对性。所以，中国的企业在设奖项时，最好不要用"优秀员工""优秀党员""优秀干部"等词语，应该针对性强些，实在些，比如，用"最佳质量奖""最佳销售奖""成本降低最佳奖""最佳焊接手""最佳裁剪标兵"等词语。但需要注意的是，这些奖项的设立要像 NBA 和奥斯卡一样，要具有唯一性，不可滥用。

德鲁克表示："许多人经常谈到如何'赋予'员工对工作的自豪感、成就感，以及受重视的感觉，但是别人无法'给'你荣誉感、成就感和受重视感。员工不会因为公司总裁在信中称呼他们'亲爱的同仁'而感到更受重视，这种称呼只能凸显总裁的愚蠢罢了。自豪感和成就感都必须源自工作本身，无法衍生自工作以外的事物。员工或许极为珍视公司为了感谢他 25 年来忠诚的服务而颁发的纪念章，但是只有当纪念章确实象征了他在工作上的实际成就时，员工才会感激公司的安排，否则，就只会被看成虚情假意，反而容易招致不满。"

延伸阅读

谈新外派补助制度

补助，作为薪酬激励的一部分，向来是人力资源重点关注的模块。从文化的表现层次——器物层、行为层、制度层、理念层这 4 个层次来说，一个公司的激励制度，是企业文化最重要和直接的体现。华为新的海外补助制度，追求的正是这样的激励目标。

首先，新外派制度明确的、有针对性的激励，充分体现了"奋斗者得到回报"的文化，吸引、保留、激励愿意到海外发展的员工，发挥他们的才能，为公司国际化发展贡献力量。

在经济社会，如果在职场上讲"无私奉献"，在某种程度上会显得曲高和寡。在目前本地化能力还不够的情况下，外派员工是一个有效的方法。而从员工角度来说，外派的确带来了工作、生活方面的种种困难和压力。因此，有效的、合情理的运作需要有一个劳有所获、高绩效、高回报激励制度来保障。新的外派补助制度将补助分为离家、艰苦和伙食 3 个方面。从激励的内容来看，每部分激励回报的是什么，为了补偿员工因为工作而承担的哪些困难，体现员工哪个方面的价值和奋斗能力，都是清晰、明确的。如离家补助是为了补偿员工离乡背井，承受不同文化差异和生活不便带来的困难而给予的。从激励享受主体来看，新补助也有其明确的倾斜性——向艰苦地区倾斜。不畏条件艰苦，勇于到艰苦地区工作的员工享受的艰苦补贴就高，而选择在发达国家工作，艰苦补贴甚至为零。这种倾斜性不是主观的好恶，而是基于外派国家的客观状况，从另一个角度说，它更体现出"让奋斗者得到回报""不让雷锋吃亏"的公平性。

其次，新的外派补助制度体现了激励体系管理上的规范化和国际化。

一个有效的补助制度要能够很好地吸引和保留人才，赢得员工的敬业度和满意度，实现对公司的绩效承诺。它的激励性、公平性和竞争性对内对外都要有体现。新的外派补助体系是借鉴了业界跨国公司的优秀实践，结合公司的实际业务需求和管理导向而设计的，它更加规范、标准。比如，在艰苦补助的设计中，就参考了每个国家的气候与自然环境、疾病与卫生、文化及娱乐设施等因素，根据各因素的差异，将外派国家分成了5类，体现出激励的地区差异。另外，新制度的分类激励，将业界的标准、个人贡献和公司牵引进行了综合考虑，它不仅使外派补助制度对内部员工具有有效的激励作用，同时，也提高了对外的竞争力。与此同时，新的补助增加了根据汇率变化、物价上涨、政治动荡等因素进行定期审视和遇到特殊情况的应急政策的措施，使制度更符合实际情况。

最后，在制度中体现对员工生活和健康的关怀。

民以食为天，基本的生活要素某种程度上决定着人的精神力量。在不断提高行政平台的支撑能力，提高公司食堂、野战食堂的伙食水平的情况下，新补助制度清晰定义了"伙食补助"，员工只要在食堂吃饭，可以享受比自己外派伙食补助标准高一倍的饮食标准，并且在补助标准内，家属在食堂就餐也不用支付餐费。这样，不论是条件艰苦地区，还是高消费地区的员工，都能够改善伙食，保证营养和健康。同时，在发放形式上，伙食补助没有以现金的方式直接发给员工，这一是为了督促各地区行政平台努力提高服务能力；二是员工自身也能主动地关注伙食的质量。

总之，新外派补助制度设计的核心仍然基于价值创造、价值评价和价值分配的原则，体现的是公司"以奋斗者为本"的文化。随着公司全球化步伐的加速，它在牵引员工奔赴海外、推动公司发展上将发挥越来越重要的作用。

（本文摘编自《激励·规范·关怀——谈新外派补助制度》，来源：华为人，2008）

延伸阅读

华为"获取分享制"

华为"获取分享制"是指使任何组织与个人的物质回报都来自其创造的价值和业绩，作战部门（团队）根据经营结果获取奖金，后台支撑部门（团队）通过为作战部门提供服务分享奖金。这种制度具有以下特点：

◆ 强化后台对前台一线的支撑力度，加强前后台岗位配合和流程效率提升，实现前后台业绩挂钩。

◆ 增加薪酬弹性，将员工利益与个人价值实现和贡献产出合理衔接，提高激励的有效性。

◆ 体现公司整体对客户需求的满足和客户体验的达成为导向。

◆ 实行"自下而上"的物质激励方式，倾向对基层业务单元的直接激励。

当公司达到利润目标时，对员工予以经济奖励，但和基本工资、生活费用调整或永久增加业绩工资无关。人力资源用以下 3 种方式来决定利润分享的金额：

固定比例法。公司根据成功达到目标的情况决定一个百分比，把这一百分比的税前或税后年利润作为利润分享的奖金。

使用比例升级法来代替固定比例法。例如，公司可以决定，800 万美元以内的利润，3% 用于利润分享，超过 800 万美元的利润，6% 用于利润分享。比例升级法的好处在于，可以通过增加分享金额的办法，激励员工为超额利润目标而努力。

获利界限法。只有在利润超过事先定好的最低标准并且低于最高标准的时候才进行利润分享。公司建立最低标准是为了在把利润分给员工之前保证公司对股东的回报。建立最高标准是因为公司创造超过该标准的利润的因素不是员工生产力或创造力，而是诸如技术革新这类因素。

"获取分享制"的优点是有利于员工和公司双方。缺点是如果利润分享计划占直接薪酬的比例较大时，员工很难预测自己的收入，可能削弱员工的经济保障。对公司而言，可能造成人才流失。

华为"获取分享制"的高级表现形式是员工股权计划。

员工持股计划属于一种特殊的分享机制，是为了吸引、保留和激励公司员工，通过让员工持有股票，使员工享有剩余索取权的利益分享机制和拥有经营决策权的参与机制。

华为对"获取分享制"的观点，最初是来自2011年的一次高管内部讨论，再就是任正非一次在人力资源工作汇报会上的讲话。近年，华为的高管在各种场合不遗余力地宣传着"获取分享制"。我们知道，利益机制的变革最容易引起员工的动荡，优秀人才又永远都是被外界虎视眈眈紧盯不舍的，如果因为不当的激励变革使优秀人才渐渐远去，企业的损失将难以估量。

（本文摘编自《揭秘华为"获取分享制"面纱》，
来源：环球人力资源智库，2014）

第 **5** 章

"以奋斗者为本"的
制度保障

CHAPTER 5

　　以奋斗者为本一定要有制度保障，必须用"不让雷锋吃亏"
的观念夯实企业文化基石。

职位与薪酬的 16 字方针

华为职位与薪酬管理的具体过程，可以用 16 字来概括：以岗定级、以级定薪、人岗匹配、易岗易薪。

对于每一个级别，每一个岗位工资的确定，既要考虑对外的竞争性，也要考虑内部的可支付能力和公平性。

以岗定级，建立职位和职级的关系

以岗定级，是通过职位职级表来确定的：每一个职位会确定一个对应的职级，这个职级就是这个岗位对企业贡献的价值评估，包括了对组织绩效的评估、对岗位价值的评估和对任职者个人的评估。

关于这一点，华为做了两件事情：

第一，对于每一类岗位确定岗位序列，例如研发岗位序列、市场岗位序列等，其中，研发岗位序列又包含了助理工程师、工程师、高级工程师等渐进的职位。

第二，对职位序列进行评估，评估的重点在于职位的应负责任是什么、控制的资源是什么、产出是什么，以及这个岗位面对的客户和环境的复杂性程度怎样，并参考承担这个岗位的人需要什么样的知识、技能和经验等。这最主要是通过职位承担的岗位职责和产出来进行衡量，衡量的结果用一个职级的数字来进行描述。做完了这两步，就建立了一个职位和职级的对应关系。

以级定薪，界定工资范围

以级定薪实际上就是一个职级工资表。华为的薪酬使用的是宽带薪酬体系：对于每一级别，从最低到最高都有长长的带宽。每一个部门的管理者，可以对自己的员工，根据绩效在这个带宽里面进行工资调整。在同一级别里面，可以依据员工的绩效表现，在每年的公司例行薪酬审视中，或者当员工做得特别优秀时提出调薪申请。

由于不同级别之间的薪酬区间存在重叠，员工即使不升级，只要持续贡献，绩效足够好，工资也可以有提升空间，甚至超过上一级别的工资下限，这样有利于引导员工在一个岗位上做实做深做久，有助于岗位稳定性。所以以级定薪，就是对于每一个级别在公司能拿多少工资进行了一个界定。每一个主管可以根据以岗定级来确定员工的职级，然后对应在级别上，确定员工的工资范围。

每个企业都可以设置自己的职位薪酬管理模式，相对于职位薪点管理或者窄带薪酬管理模式，这种宽带薪酬的方式，对于管理者的管理能力，对于员工的把握，调薪的把握，要求比较高。

人岗匹配，人与岗位责任的匹配评估

所谓"人岗匹配"，指的就是员工与岗位所要求的责任之间的匹配，以确定员工的个人职级及符合度。人岗匹配最核心的是看员工的绩效是不是达到岗位的要求、行为是不是符合岗位职责的要求。另外，还包括一些基本条件，比如知识、技能、素质、经验等。

如果出现岗位调动，一般来说，人岗匹配是按照新的岗位要求来做认证。认证往往都在新岗位工作 3 个月或半年以后才进行，而不是调动之后立即进行。等到人岗匹配完成后，根据新岗位要求的适应情况，确定员工的个人职级及符合度，再决定相应的薪酬调整。

2009 年，任正非在文章《人力资源体系要导向冲锋，不能教条和僵化》中这样写道：

> 我们首先要把岗位搞清楚，把岗位的重要性搞清楚，让每个岗位在公司都应该有增值。岗位的重要性是不断变化的，不是永恒不变的。当岗位职责不规范的时候，可能要求的干部级别职级高；当岗位职责规范后，"扳道岔"就不需要"钦差大臣"了。所以，岗位是循环变动的，人力资源部可以建立一个规则部门，规则部门就循环认证目前岗位的重要性。岗位重要性确定后，各种级别配多少人就清晰了。

任正非在《华为的红旗到底能打多久》一文中指出："各尽所能，按劳分配。怎么使员工各尽所能呢？关键是要建立公平的价值评价和价值分配制度，使员工形成合理的预期，使其相信各尽所能后公司会给其合理的回报。而怎么使价值评价做到公平呢？就是要实行同等贡献、同等报酬原则。不管你是博士也好，硕士也好，学士也好，只要做出了同样的贡献，公司就给你同等的报酬，这样就把大家的积极性都调动起来了。"

任正非认为"英雄不问出身"，只要做出了同样的贡献，公司就给予同等的报酬，这种制度能够最大限度地激发员工的工作潜能。

易岗易薪，关注职级和绩效

如何在人岗匹配之后确定薪酬的调整，就是易岗易薪要解决的问题了。

易岗易薪是针对岗位变化了的情况，一种是晋升，另外一种是降级。晋升的情况，如果员工的工资已经达到或超过了新职级工资区间的最低值，他的工资可以不变，也可以提升，主要看他的绩效表现；如果尚未达到新职级工资区间的下限，一般至少可以调整到新职级的工资区间的下限，也可以进入到区间里面，具体数额也取决于员工的绩效表现。降级的情况，也是根据员工的绩效情况，在新职级对应的工资区间内确定调整后的工资。如果降级前工资高于降级后的职级工资上限，需要马上降到降级后对应的职级工资上限或者以下。[①]

---

① 华营私塾. 十六字探寻华为薪酬管理之道 [OL]. 搜狐, 2015.
http://mt.sohu.com/20150716/n416890494.shtml.

基于能力的职能工资制

　　大家都知道，自古以来，军营生活是最为艰苦、严格、寂寞的，那么如何保持军人的战斗热情？一位军事家曾一语道破天机：让军队保持战斗力的一个秘诀是逐步晋级，永不停顿。等级的细分，晋级的持续，能使人不断获得成就感，在较长的周期内保持人的积极性。从管理心理学上讲，就是把握好激励的节奏，循序渐进。否则，同样的激励投入，效果却会大打折扣。

　　譬如，随着相关经验的不断积累，一个工程师渐进地获得岗位和收入上的升级，冷板凳被逐步加高加热，这样有利于调动和保持他的积极性，也就是部队军衔划分细密的奥妙。如果晋级太快，一下子用光了激励资源，反而不利于人员的长期稳定与发展。假设一个军人刚入伍就因为立功被提升为大校，这样在短期确实大大调动了其积极性，但过一段时间后，他就习以为常了。而想晋升少将，又因为将级岗位数量严格控制，极其困难。这样长时间看不到晋升希望，尽管板凳比较高，但依然感觉很冷，因为没有热源了。于是他慢慢失去动力，要么熬下去，要么走出去。

　　这种情况管理者应该是有所体会的：一位工程师，因为表现突出一点，加上项目需要，很快被提升为项目经理，但由于其能力经验未达到更高岗位要求，或更高岗位数量有限，于是接下来很长一段时间他的职级没有变化。结果，他会因感觉"没有前途"，耐不住"冷板凳"的寂寞而离开。这样，管理者只好不断地把希望寄托在新人身上，于是老毛病又"从新"（从新人身上）出现。那么该如何做呢？

华为的解决办法就是职能工资制。华为一方面利用高工资进行短期的物质激励，另一方面注重长期的物质激励。华为的工资分配是实行基于能力的职能工资制。员工的工资不仅与其业绩挂钩，还与其工作态度、责任心和能力挂钩。这使员工受到长期的激励，促使员工在做好分内工作的同时，还努力寻求自身能力的成长。

职能工资制最能体现员工发挥能动性和创造性的程度。只要能够施展自己的才华，每时、每刻、每个岗位、每条流程都能够成为员工发挥能力的舞台。这样的制度叫作"全员接班制"，为所有有能力的员工提供了一个宽松的、发挥自己才能的环境。

在职能工资制度的大旗上，写着4个大字："能力主义"，即依据每个人的能力、业绩，给予其公正的待遇。

工资的分配依据不再是年龄、工龄和学历等客观因素，而是依据个人的职务执行能力（特别是潜在的能力）和实际的贡献。

它使企业对员工的工资支出不再表现为一种人工成本支出，而是因激励机制的存在成为人力资本投资。大量的研究成果表明，对人力资本的投资，其回报率比任何物质资本的投资更高。

它适应了现今企业重视知识、重视个人能力、强调员工不断进行自我开发的需要。它保持了很高的透明度，能够保证价值分配的公开、公正和公平。其工资结构是呈阶梯式的，其特点是小步慢跑。提升频率快、提升幅度小，并以薪点值方法控制整体工资水平。在同一职能类别内可以充分拉开档次，使职能类别之间保持连续性，消除收入分配中的拐点。虽然它不考虑职务，但职务晋升必须达到一定的职能资格等级。它对特殊能力者和特殊贡献者留有特殊的提升余地。它留有足够的接口，可以与人事考核制度和人事待遇制度相衔接。

2012 年，任正非在基层作业员工绝对考核试点汇报会上这样说道："基层员工加工资，主要看价值贡献，不要把等级过于绝对化。基于价值贡献，小步快跑，多劳多得。我们以绝对考核为基础来调整工资。这样就使得这个评级简单化了，而且量化、公开化，基层员工就看到了希望。"

华为的工资实行的是宽带薪酬制：每一个岗位都有其对应的职级，每一个职级都有其对应的薪酬区间。同一职级的岗位不论属于哪个部门，在公司的贡献与回报大致一致；员工在同一岗位上持续地工作，只要工作绩效持续改进，就可以在这个岗位上逐渐地加工资，直至达到薪酬区间的上限。

自发实现职业路径

有人问为什么在华为，人才能够脱颖而出？在华为竞争上岗的基本条件是任职资格，这就导致了任何一个岗位都会有 3 ~ 4 个达到任职资格的人等在这个地方。这就是任正非提出的"饿狼逼饱狼"，你在这个岗位上必须好好干，否则马上就有接替者。

行为规范及标准

任职资格反映的是从事各类工作的能力。它的特点首先是：基于工作内容，以及完成此项工作的行为规范及标准。也就是说，要获得一定的任职资格，必须按照岗位所要求的行为规范完成其工作内容。其目的是为了保证工作质量，有助于员工的培训，明确员工需要掌握的知识范围及能力标准。以前，很多公司是根据工作任务或职责来估计员工需要掌握的知识和技能，并进行相应的培训，这样就不可避免地导致两者之间较大的差异。

任职资格就是在两者之间搭起一个桥梁，明确完成工作任务需要的成功行为的规范是什么，员工要达到成功行为的规范需要哪些必备知识与技能；根据行为规范对员工的工作行为进行认证，就可了解员工还需要掌握哪些必备知识。

华为的专业人员一般分为 6 个等级，一级最低，六级最高。每个职业都有相应的职业资格标准，且每个级别对应一套技能结构，一个职业有 4 ~ 6 项技能结构。

比如，作为一个销售人员，应该具备信息收集、产品知识、项目管理和影响力等几项技能。那么，当他从一级向二级晋升时，就会非常明确地知道自己应该在哪些方面需要学习和提高。实际上，这也是知识分子自我管理的路径设定。

华为现在的任职资格体系其实是把最好的经验全部总结提炼，形成了一套标准化的、可复制的模板。华为也从经营人才的企业转向经营知识的企业。

尽管借鉴了英国 NVQ（国家职业资格体系），但华为的这套任职资格体系是自己开发出来的，因为每一个职业都不一样，当时花了很多时间。比如，销售人员的任职资格体系，是人力资源部 6 个人花了半年时间写出来的。3 个人一组，到各班组里面去待了 3 个月，天天和销售人员吃在一起、住在一起，把他们的行为全部记录了下来。

华为成功实施了任职资格制度，共有 5 大族，51 类，几百个子类，基本上所有的岗位都有自己的任职资格标准。任职资格的目的是，引导有水平的人做实，让做实的人提高水平，通过学习、磨炼慢慢培养既有水平又能做实的人。

标准会告诉你，在这个岗位上，要想做出业绩来，关键的行为是什么、需要的素质是哪些、要掌握的知识技能是哪些。一个人要想在职业上获得更高的提升，必须按照这个标准对照着来做。通常情况下，华为的任职资格一年认证一次，半年复核一次。这其实是华为人的自我管理：你可以按照自己的标准去学习、去做，不需要主管或者公司的其他人来督促你。这是自我管理机制里面非常重要的一点。

举例来说，华为的软件工程师可以从一级开始做到九级，九级相当于副总裁的级别，享受同一级别待遇。新员工进来之后，如何向更高级别发展，怎么知道差距？华为有明确的制度，比如一级的标准是写万行代码，做过什么类型的产品等，有量化、明确的要求。员工可以根据这个标准自检。比如：你的 C 语言能力差，便可以通过 iLearning 平台去学，或在工作中有意识地学习和积累。通过一段时间的实践学习，达到了一级的水平。接下来，可以向二级的标准进发。这就是任职资格的管理。

而任职资格管理的意义就在于其具有以下几个作用：镜子作用，照出自己的问题；尺子作用，量出与标准的差距；梯子作用，知道自己该往什么方向发展和努力；驾照作用，有新的岗位了，便可以应聘相应职位。这种透明的机制，能不牵引员工主动向上学习吗？

民营企业最大的问题就是一个萝卜一个坑，老板总觉得自己没有后续人才，其实是人才储备体系出了问题。又有人提出：员工天天参加任职资格培训，但他的业绩不行，行不行？这就是现在很多民营企业都在做的，这个人很闲就去培训，越忙越抽不出时间培训，华为则不然。要想参加任职资格培训，有一个前提条件，即绩效考核一共 15 分，必须达到 12 分以上才行。这就避免有的人一味地参加培训，但是业绩做不出来。这就把绩效、能力、岗位都打通了。现在很多企业考核任职资格、绩效、培训时，都是各干各的不配套，华为是责、权、利、能四位一体。①

干部选拔规范化

华为是 1987 年成立的，1988 年仅 14 人，1991 年 20 多人，1995 年 800 多人，1997 年 5600 人，1999 年 15000 人，2003 年 22000 人。员工数量的急速膨胀，就需要大批管理人才、技术骨干充实到领导岗位上去。于是，升职、加薪很普遍，造就了很多"火线入党"式的企业管理人员（华为员工平均年龄为 27 岁）。

研发人员可能因为某一项技术突破，阶段性地提高了公司的市场份额，职位就"突飞猛进"。比如，市场人员因为开辟"疆土"的需要，在人员短缺时先"封官"后招兵，或者以销售额决定升迁。1992 年，从兰州交通大学毕业后在华为工作两年的张建国，被派到福建设立办事处，当上了办事处主任。两年后，又升为了营销副总裁。但是张建国当时还根本不明白如何管理销售人员，之后为了编写《华为公司基本法》，才补了若干年的管理课。由此看来，华为初期的人力资源管理体系实际上是一种简单的"赏罚体系"。特征是机会主义、人为因素和不确定性。这种状态一直持续到 1995 年。

其实当年"升得快"就如同战争年代军官的升级一样：战时对军官需求量大，军官的素质和潜力在战争中也容易表现出来，晋升军衔就比较容易；而和平时期需要很多任职经验、培训和考验才有可能晋升。很

①彭剑锋.任正非：华为人才非常之道［J］.中国经济时报，2013.

多国家战时的军衔与平时是不同的，战时晋升到上校，战争结束后如继续从军则可能降到少校。

如何解决这个问题呢？要逐渐杜绝"火线上岗"的做法，提拔和晋升严格按照任职资格来进行，保证管理、技术级别评定的严肃性，同时加强对员工进行意识上的引导。只有这样，华为的岗位流动和晋升才是有序的。

随着华为不断走向国际化，对领导干部的数量和质量要求也越来越高。华为试图通过对管理人员的管理来推动整个公司的运作。为此，华为开始从内部培养领导干部，而任职资格体系则为领导干部队伍的选择提供了科学的评价依据。

职业通道的职位激励

美国管理学大师德鲁克表示："最能有效刺激员工改善工作绩效、带给他工作上的自豪感与成就感的，莫过于分派他高要求的职务。"

职权的激励在华为是非常重要的，为华为留住人才起到了非常大的作用。华为的员工大多数是一群高素质高学历的员工，他们十分在意实现自身价值并强烈期望得到组织或社会的承认与重视。所以，华为对其进行充分的授权，以此显示对他们的信任与尊重。华为用这种激励手法使得员工感到自身价值的实现并受到了尊重，使他们更愿意贡献自己的才智，从而对公司事务有了更强的参与感和更多的自主性。

员工的职业发展计划

华为给员工准备了职业通道。职业通道是指一个员工的职业发展计划。对企业来说，可以让企业更加了解员工的潜能；对员工来说，可以让员工更加专注于自身未来的发展方向并为之努力。职业通道模式主要分 3 类：单通道模式、双通道模式、多通道模式。

华为最开始的是"五级双通道",就是将员工的职业发展设计为管理和专业两个基本通道,根据需要,还可以将专业通道再细分为专业行政、营销、专业技术等(见表5.1),每个通道上又纵向划分出5个职业资格等级。这样,对于每一名员工而言,根据自身特长和意愿,既可以选择管理通道发展,也可以选择与自己业务相关的专业通道发展,从而妥善解决了一般企业中"自古华山一条路,万众一心奔仕途"的问题。

表 5.1 华为职位族初步划分

领导族	专业行政族	营销族	专业技术族		
			研究开发	生产及生产支持	客户服务
总裁、副总裁 主要部门高级 主管	财务会计 人力资源 总务 合同管理 文书行政 管理信息 政府关系	销售 产品管理 市场推广	产品设计 技术管理 基础研究	生产 生产管理 设备 调测 质量管理 物料	售前及售后 服务 技术支援 客户培训 安装 现场维修

每个职位族按照工作内容的复杂程度、所需技能等分成相应的等级。下面是职位族的分级方法(见图5.1):

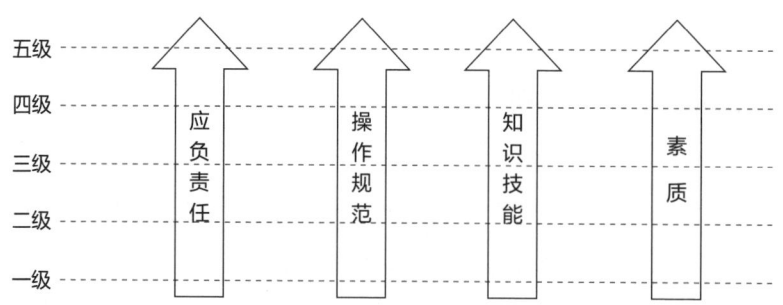

图 5.1 华为职位族五级分类法

"应负责任"是分级的基础，不同的级别有相应的应负责任。级别越高，工作内容越复杂。每一级标准中根据应负责任、工作内容，有相应的操作规范、知识技能、素质等方面的要求。因为素质是非显性的，不易发现且难改变，所以在分级时可暂不单独考虑。素质在操作规范中体现。

根据美国合益公司的思想，员工的职业发展模型如下（见图 5.2）：

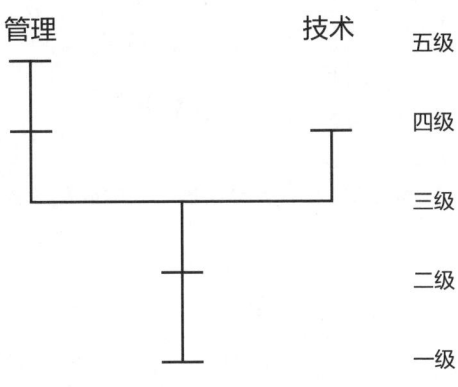

图 5.2　华为员工职业发展模型

员工在刚参加工作时，首先从事专业工作，当专业水平达到一定程度才有可能进入管理通道，这是对管理者的基本要求。也有一些人在技术通道中继续晋升，可达到技术四级或五级。因此，可以把管理类任职资格分为 3 个级别。为了与技术类级别相对应，管理类 3 个级别分别称之为管理三级、管理四级、管理五级。

管理三级是进入管理通道的最初一级。这个级别管理的部门和人员比较少，大部分工作还是专业技术和技术管理，与技术类第三级的工作内容很接近，因为达到第三级的技术人员也要带一些助手，策划整个开发组的技术方案等。所以，管理三级是进入管理通道的过渡级别。管理四级相当于公司二级部门管理职位的要求，管理五级相当于公司级管理职位的要求（见图5.3）。

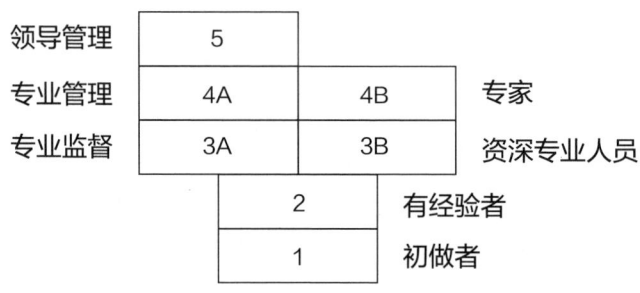

图 5.3　华为管理与技术 5 个职级

曾有员工向任正非提问："当公司的一个产品进入后期，但由于市场原因，可能需要长期维护这个产品。我就是这样一个产品维护的技术骨干，部门要给我一个'维护专家'的称号。作为这样一个专家，未来的发展方向在哪里？"

任正非的回答是：

> 作为一个维护专家，你很光荣。专家专家，就是懂一两点是专家，懂得很多就不叫专家了。维护专家是产品生命周期中的一种现象，在这个过程中总会出现一些维护专家。
>
> 维护专家的前途在哪里？有两个前途，一个就是继续做维护专家，帮我们守住这个阵地，守到20年，占住这个位置，全中国就你一号种子，这是你的拿手绝活。或者你守不了20

年，只能守一两年，那你就培养一个接班人。如果你的接班人能够接过你原来维修专家的班，你就可以努力学新技术、新产品，就可以走入新的产品领域成为新的专家。新的领域很广阔，随你怎么跃。

另一个前途是，如果在守着这个产品的过程中，感觉到个人技术水平在慢慢退化，不可能在新的技术上赶上新的成员，那么你可以横向学习管理，逐步走上管理岗位。管理岗位主要要求懂管理，并不要求技术精通到专家水平。

专家有大有小，小的也是专家。因此，如果这么看问题，你的出路是有的。你要努力学习，好好规划自己的人生。

管理重要还是技术重要

在华为，到底是管理重要还是技术重要，想必很多华为员工在心里都有过这样的问题。

由于华为在特殊的历史竞争环境中的必然选择，决定了占员工总数 79% 的技术和市场人员是业界最优秀的员工，同时成为产生中层管理者的最佳土壤。从这两部分人群中提拔的干部，从理论上讲，也应该是业界最优秀的管理者，因为内行管理内行。但是实际情况却不是这样。

我们先来看技术人员的管理。懂技术会管理本来应该是华为管理层的优势，但很多管理层有意无意地重技术轻管理。这就导致以下三方面的问题：

第一，管事重于管人，眼中只有技术，以解决技术问题代替解决人的问题。员工们经常看到部门主管忙忙碌碌，但团队氛围和业绩却比较差。

第二，由于缺乏科学合理的业务流程，对于下级的技术创新和设想，他们过于依赖于自己的经验。如果超出个人经验范围，避免风险的办法就只有"枪毙"。很多华为的技术员工的离职与此有很大的关系。

第三，是畏惧或困惑于做人的工作，片面地理解管理，将管理简单化。当设立了业务流程之后，就把全部希望寄托在整套的规章制度、流程和电子流上，导致老问题没有解决，而不适当的规章制度、流程和电子流却影响了整体工作效率，限制了员工主动性、创造性的正常发挥，削弱了员工责任感和进取心，导致更多难以解决的问题。

管理第一，技术第二

华为很快认识到了这个问题。在 2000 年，任正非与员工谈话时，有一位员工这样问："华为目标是领先企业，您认为达到这个目标，是应该重视技术还是关注管理多一点？是制度建设重要还是培养职业经理人重要？"

任正非当时的回答是很明确的：

所有公司都是管理第一，技术第二。没有一流管理，领先的技术就会退化；有一流管理，即使技术二流也会进步。技术能不能决定公司的命运现在也是个问号。制度建设和职业化经理人并不矛盾。制度建设需要经理人参加，制度贯彻落实也需要经理人参加。我们的管理变革会推进到每个基层部门，每次推进就是一次学习。搞技术的人也要学管理。管理的伟大贡献可能就是填好一张表格，执行一段程序。你也不要认为你能干大事，从实事求是的角度起步，你可能就不栽跟头。

1996 年，在华夏基石彭剑锋等 6 位教授的帮助下起草了《华为公司基本法》，帮助华为初步完成了对核心价值观和管理政策的系统思考；从 1998 年起至今，为了适应国际化、全球化经营的要求，华为持续投入十几亿美元，邀请 IBM、埃森哲等多家世界级著名顾问公司，先后实施了 5 大类、几十个管理变革项目，包括 IT 策略与规划、TCNP、战略规划项目、集成产品研发项目、集成供应链等项目。每一个项目都包含十几个子项目，持续了十几年，直到今天都没有完成。任正非为引进世界先进管理体系的变革提出了"削足适履""先僵化、后优化、再固化"的思路。

华为历经 20 年，华为花费数十亿美元从西方引进了先进管理经验。任正非号召向"蓝血十杰"学习：

今天我们来回顾走过的历程。我们虽然在管理上已取得了巨大的进步，创造了较高的企业效率，但还没真正认识到这200 多年来西方工业革命的真谛。我们要学习"蓝血十杰"对数据和事实的科学精神，学习他们从点滴做起，建立现代企业管理体系大厦的职业精神，学习他们敬重市场法则在缜密的调查研究基础上进行决策的理性主义。我们要使各部门、各岗位就其所承担的主要职责（业务管理、财务管理、人员管理）获得集成化的、高效的流程支持，而不是各类流程看似各自都实现了端到端的打通，但到了真正使用流程的部门和岗位那里却是"九龙戏水"，无法配合，效率低下。

管理人员必须懂技术

华为重视管理。然而，华为又是一个建立在技术基础之上的公司，管理不得不涉及技术。曾有员工这样问任正非："不学技术的员工希望在管理道路上走得很远，应如何选择？"

任正非当时的回答是这样的：

不学技术的员工要在管理上走得很远，只能离开华为。因为华为管理不可能离开华为的主线，管理必须与主流线相关。因此不懂技术就是要努力钻研，钻研程度可以不要很深，但是一定要懂。

不能全部要求员工都学技术，其实文化是多元化的，技能也是多元化的。我们还招了很多小语种的人。但是各位员工一定要懂公司的主流线。大家都具备自学的基础，有学习的条件，要不断加强学习，融入公司的主流线。纯粹学技术的人要学管理，学管理的人也要学技术，相辅相成。

任职资格体系实践

在 1998 年以前，随着生产规模和员工队伍的迅速膨胀，华为的管理层次不断扩张，华为在内部提拔了很多人，当时也犯过"乔太守乱点鸳鸯谱"的错误。管理人员多了，秘书的配备自然就要跟上，因此，华为的秘书从 1994 年的几十人陡增至 1997 年的 500 人。无可否认，这些具有本科以上学历的秘书，在公司各级管理层面和交叉点上的工作，极大地推动了公司的管理和发展。但是，长期让这些高学历的人才做一些文件收发、资料录入、会议召集等琐碎的工作，时间长了，他们自然感觉枯燥、没有前途。如何让秘书们有一个提升的空间并被合理使用，成为任正非不得不考虑的问题。因此，任正非在华为进入高速发展期后，下决心要把任职资格的工作扎扎实实做到底，在 2003 年以前形成自己的合理制度。

在这一思想的指导下，从 1998 年开始，华为与 NVQ（英国国家职业资格）委员会合作，在公司推行任职资格制度，希望逐步实现制度化的新老更替。在这里所说的制度主要包括职业发展通道、任职资格标准和资格认证 3 大部分。其中，"五级双通道"的职业发展通道模型，使得华为的所有员工，不仅可以通过管理职位的晋升获得发展，也可以通过选择与自己业务相关的营销、技术等专业通道发展。对于每条通道的不同级别，华为都设立了相应的资格标准。原则上，每隔两年对员工进行一次职位资格认证。公司根据认证结果，决定是继续留任、晋升，还是降级使用。

虽然有了任职资格的制度文本，但制度在推行时，效果却不能令人满意。首先，制度体系比较复杂，以中级管理者为例，资格认证标准包括 5 个基本模块，每个模块又有若干个行为标准。这样，认证需要花费的时间和投入的精力都非常之大，每个部门需要几周的时间才能认证完毕；其次，资格认证需要基础数据系统的支持，需要认证者具有良好的职业素质，否则，最终的认证结果可能与任职者的实际水平不相符合。

但从整体看，这套认证体系对促进员工职业技能和素质的提高意义重大，如果就此搁置会非常可惜。因此，任正非特别派时任华为副总裁张建国专门到英国学习职业资格认证，之后主要针对文秘人员，在华为开展了企业行政管理资格认证。

在刚开始参加单元考核时，一些秘书觉得非常简单，不知考核的目的何在。经过深入学习，华为秘书人员逐步认识到：工作效率的提高是建立在有序工作之上的，任职资格认证正是提供了建立工作秩序的帮助；要处理好例行公事之外的工作，需要有思路。任职资格认证正是提供一个思路、一个想法，帮他们寻找处理问题的共性，建立一种逻辑思维上的顺序，从而提高工作效率。

华为推行的这套职业资格认证对秘书的考评一共分 5 级，第一级就是会打字，会使用基本的办公软件等；第二级能够安排会议，当达到第五级时，也就完全具备了一个部门经理的水平。根据这样的职业化制度，每年都对秘书进行考核、分级。任职资格认证的思路就是建立一个文秘行为规范以及达到这一规范的机制。

在几个月的单元考评后，一些秘书感觉自己好像被一个具备全面素质的优秀秘书指引着工作一样。考评中对照文秘标准来检查自己的工作，有差距时会感到自责或恍然大悟，达到标准要求时会感到一种满足。在这个过程中，考评员的最大作用是帮助被考评者早日达标，而不是要把他"考倒"，从而使员工在考评过程中能够比较自如、正常地发挥自己的能力。

一年后，在普考阶段，参加考评的华为秘书就达到了 300 多人，完成一级考评的人数达 180 人。考评优秀的秘书可以到市场部锻炼，也可以获得逐步的提升。这样一来，秘书的职业发展通道就被打通了。

通过运用英国 NVQ 企业行政管理体系的考评，华为员工的工作主动性和有效的工作成果得到认可，考评的过程实现了员工的自我培训和自我提高，极大地促进了员工素质和工作效率的提高，调动了他们的工作热情。资格认证的过程，充分体现了与客观标准比较的相对公正性，而任职资格制度的不断修改完善，也是企业实现制度化新老接替所必须经过的一个过程。

华为公司的领导曾经在一次秘书颁奖大会中说："在公司，在秘书岗位上做到高级行政助理，职级可以达到 19 级，相当于国内有些代表处代表的职级。公司秘书体系的职业通道已经畅通起来，其待遇与公司其他相同职级的待遇是一样的。今后，我们的秘书队伍中，将全部是已经结婚生育、小孩上了幼儿园的人……很多海外高层客户，他们的秘书（助理）都是年龄很大、在这个岗位上干了很多年的人。他们的经验和职业化能够支撑主管更好地开展工作。"

福利向奋斗者倾斜

为保障员工在全球工作和生活无后顾之忧，华为自 2005 年起，推行了员工保险保障和福利制度变革，发布了员工保障、医疗保障、医疗救助保障、人身保障等系列文件。目前已建立了强制性社会保险、医疗保险，以及商业保险的双重保障机制。依据此制度，员工除依法享受国家和地方的强制性社会保险保障外，还享受华为提供的商业保险保障。商业保险包括商业人身意外伤害险、商业寿险、商业重大疾病险、商业旅行险。若不幸因工意外伤害导致罹难的，任何员工除可以依法获得社会保险的相关待遇外，还可额外获得 100 万元左右的人民币的商业保险补偿。对于罹患重大疾病的员工，可额外获得 20 万元商业保险的重大疾病补偿；若因病去世，可额外获得 30 万元的商业寿险补偿。

华为在多个方面对员工保障体系进行持续优化，包括全面开展海外员工保障管理优化项目，制定属地化的保障政策，进一步完善公司的全球员工保障体系；提高商业寿险保障标准；与保险供应商合作建立全球员工保障管理与运作 IT 平台；进一步推广及完善员工家属保险认购计划，为增强员工家属保障搭建平台等。在突发事件处理方面，华为对员工工伤事故的发生实施对一级部门主管的问责制，并成立员工保障管理领导小组，对员工人身突发事件处理方案进行审议和决策。

华为发布 2010 企业社会责任报告，报告显示，为提升员工福利保障，2009 年华为共投入 19.7 亿元。华为 2010 年销售收入 1852 亿元，同比增长 24%，而在雇员费用这块的支出是 306 亿元，同比增长 23%。以华为 11 万员工计算，其员工平均年薪近 28 万元。华为 2010 年为员工提供的包括保险、医疗等在内的保障性支出达 19.7 亿元。

华为福利一个最直观的体现就是将其货币化，打到员工的工资卡里。

对于那些已经和华为签订就业协议的毕业生，来公司报到时的路费和行李托运费等可以享受实报实销：从学校所在地到深圳的单程火车硬卧车票、市内交通费（不超过 100 元）、行李托运费（不超过 200 元）、体检费（不超过 150 元）。上述费用所有票据在报到后的新员工培训期间统一收取、报销，并在报到的当月随工资发放。虽然仅仅是报销报到费用，每个人只有几百元，但华为一次性招聘数千人，这也是一笔不小的开支，国内绝大部分公司都很难做到。

此外，华为新员工在正式上岗前为期几个月的内部培训期间，工资、福利照发不误。

在华为，发放额度最高的福利分别是交通补贴、出差补贴和年终奖。

交通补贴。这种补贴只有深圳总部员工享有，国内其他分支机构没有。由于深圳总部的园区离深圳市区很远，许多家住市里的员工上班都要花不少的交通费用。因此，华为给员工每月支付 800 ～ 1000 元的交通费用。交通补贴每月都直接发到员工的工资卡里，不得取现。在每年年底高于一定数额或离职时，可以一次取现，扣 20% 的个人所得税。

出差补贴。这种补贴分国内出差补贴和海外出差补贴，根据职位、出差地的艰苦程度、危险性等标准计算，标准乘以实际出差的天数，就是可以拿到的补贴。一般在出差回来后报销时领取。

具体来说，华为员工国内短期出差补助标准为 100 ～ 200 元 / 天，交通费、住宿费、通信费实销实报。技术支援或市场部人员在国内常驻外地，补助标准按地区艰苦程度分为几档，一般 50 ～ 100 元 / 天，住宿费用另外计算。如果住宿在当地的办事处则没有住宿费用。研发人员如常驻外地研究所不享有该项补助。

员工在海外连续工作 3 个月的，可以享受海外出差补助，标准为 50 ~ 70 美元 / 天。常驻海外的员工，根据当地情况，补助标准分为几档，一般 50 ~ 85 美元 / 天，当地条件越艰苦、越危险，补助越高。华为还会替员工交纳社会保险基金。按照每月基本工资 15% 的比例划拨，员工离职时可一次性提取，扣 20% 个人所得税。

年终奖。在华为的薪酬体系里，奖金的数量占到了所有报酬的 1/4，华为公司每年七八月都会有一个规模非常宏大的"发红包"活动。那时公司的高层几乎全部出动，根据员工的贡献、表现、职务等分股票、发奖金，一般员工在 1 万 ~ 3 万元。一般来说，市场系统、研发系统的骨干最高，秘书、生产线上的工人等做重复性工作的员工最少。

华为还发布了《员工保障管理规定》《员工医疗保障管理规定》等系列文件，并建立了员工健康与安全的预防体系，包括年度体检以及 24 小时的心理医生指导等。2008 年，华为设立了首席员工健康与安全官，统一领导员工健康与保障工作。

华为为什么要设立首席员工健康和安全官？这或许可以从任正非语录中找到答案："员工不能成为守财奴，丰厚的薪酬是为了过高雅的生活，而不是精神自闭、自锁。"

华为在高福利这方面有着清晰的认识。任正非表示："要控制总体薪酬水平，防止高工资、高福利对企业将来的威胁。"

在 2010 全球行政人员年度表彰暨经验交流大会座谈纪要中，任正非这样讲道：

（行政服务）不要随便使用"员工满意度"这个词来作为考核的鞭子。员工满意度是与成本有关的。欧洲曾经是一个幸福社会，现在大罢工风起云涌。原因是没有足够的钱去满足人民日益增长的物质要求，适当地降低也不为人民答应。实际上，人民的要求是无法充分满足的，只能在适当条件下，达到适当的水平。我们要理解舒舒服服是不可能长久的，唯有艰苦奋斗才能创造好的生活。因此，我们在生活上仅给员工提供基本的生活保障，标准的生活服务。员工希望自己的生活再好一些，就如穿时装一样，自己应从工资、奖金、补助中支付一部分才可能去改善。个人的自由个人来争取。我们不能对每个人负无限责任，只能负有限责任，无限责任我们是负不了的。

CHAPTER 6

干部提拔也要
向奋斗者倾斜

CHAPTER 6

　　干部提拔也要向奋斗者倾斜，突出贡献者超级提拔。华为把职权和货币收入捆绑在一起。得到一个比较高的位置，从这个位置上获得的收入是起点收入的若干倍。另外，职权的激励在华为是非常重要的，为华为留住人才起到了非常大的作用。通过一定的职位给一部分员工提供晋升的机会，从而使员工有更强烈的进取心。更重要的是，这样做，可以增加员工对工作的满意程度，让其对公司更有认同感，提高其对公司的忠诚度。

干部选拔的最高标准是实践

管理咨询大师拉姆·查兰说：**"思考并不能使我们养成一种新的实践方式，而具体的实践却可以帮助我们形成一种新的思维方式。"**

在华为，凡是没有基层管理经验，没有当过工人的，没有当过基层秘书和普通业务员的，一律不能提拔为管理层，哪怕是博士也不行。学历再高，如果没有实践经历，也不可能成为一个合格的管理者。

华为董事长孙亚芳曾这样写道："公司在产品集成开发、IT 建设、人力资源、财务、生产工艺等领域请了西方顾问公司，我们这一层管理人员要把自己从具体业务中解脱出来，在管理项目的推进中认真学习。这些项目的推进，仅靠管理项目核心组的成员是不可能的，高层的参与和推动是项目成功的关键。我们许多高级干部处在这么好的在实践中学习的环境，还在四处找读 MBA 的地方，还是不甘心'无为'。因此，'无为'不是一件容易的事，尤其是甘于在工作实践中去认真改进。"

2016 年，任正非在其新年致辞中这样说道：

我们要提高作战队伍的能力，连长首先必须是"少将"。

他们必须具有管理确定性的能力，以及对不确定性事情有清晰的视野与方向感。连队也必须具有师一级的火力。机关的主管，必须有成功的实践经验，而且必须不断循环上战场。为何不可以再有"中将"班长呢？少将上前线，不仅贴近现实，而且对年轻苗子的感染力，是非常有力的"传帮带"。

华为在很早以前就设置了两条平行的职业通道：管理类—行政干部，其发展路径为：基层业务人员→骨干→基层管理者→中层管理者→高层管理者；技术类—技术专家，其发展路径为：基层业务人员→骨干→核心骨干→专家→资深专家。

两类职位的级别基本对应，对应的级别可以享受相同的待遇。这样，华为人就有了更明确的工作目标——选择适合自己或愿意去走的职业上升通道。管理型人才可以走管理专家的道路，技术性人才可以走技术专家的道路。两条职业通道的设置，有效地避免了大家都走管理"独木桥"的局面。

在华为，干部选拔的最高标准是实践，不论是专家还是管理者。

专家要"养用"结合

专家要从实践中来，到实践中去，"养用"结合。

真正的专家要源于一线，也要走向一线。

对于专家的培养，华为有一些人过去有一些成见和误解，往往认为总部才是专家的摇篮。他们的理由很简单而且看似合理：总部资源丰富，视野开阔，同时距离研发工作最近。同时，做一线时间过长，也成为了很多人解释自己技术退化、知识沉淀不足的自然而然的借口。这些认识固然有一定的道理，但是仔细推敲却不见得有其内在的必然性，并且容易让人忽视一线实践对于专家培养的重要性。正如有位客户这样评价华为的技术人员："你们有些专家能讲清楚光纤的种类，而讲不清楚光纤的熔接；能讲清楚设备功耗的指标，却无法为我推荐一款可靠的电池；能讲清楚业务发放的流程，却从来没有去过运营商的营业厅。"

真正的专家是不能缺少一线经验的，专家最好的给养其实来源于客户。专家一定要从实践中来，到实践中去，要"养"和"用"相结合。学习专业知识，是"养"的过程；业务实践，则是"用"的过程。只会纸上谈兵，不会打仗，不能履行组织使命，不可能成为专家。但掌握专业知识，只是做到了成为专家的第一步，充其量算得上一个"理论高手"。因为在这个阶段，专业知识还只是"生产资料"，尚未形成实现组织绩效的"生产力"。GTS 作为一个客户服务型组织，要通过服务不断为客户创造价值。而创造价值的过程，就是一个运用专业知识的业务实践过程。因此，专家一定要在掌握专业知识的基础上，不断深入业务实践，用自己的专业特长为客户和公司创造价值，同时在业务实践中，将专业知识转化为个人的专业技能，即在游泳中学会游泳。"养"和"用"相结合，使员工不断获得锻炼和成长，这也解释了为什么华为现在选拔专家，一定要看他是不是有过在大项目中摸爬滚打的经历和经验，是否经受过一线战火的洗礼。

"你想做专家吗？一律从基层做起"。任正非曾这样说道：

实践是你水平提高的基础，它充分地检验了你的不足，只有暴露出来，你才会有进步。实践再实践，尤其对青年学生十分重要。只有实践后善于用理论去归纳总结，才会有飞跃性的提高。要摆正自己的位置，不怕做小角色，才有可能做大角色。

实践改造了，也造就了一代华为人。"你想做专家吗？一律从基层做起"，已经在公司深入人心。一切凭实际能力与责任心定位，对你个人的评价以及应得到的回报主要取决于你的贡献度。在华为，你给公司添上一块砖，公司给你提供走向成功的阶梯。希望你接受命运的挑战，不屈不挠地前进。你也许会碰得头破血流，但不经磨难，何以成才！在华为，改变自己命运的方法，只有两个：一是努力奋斗；二是做出良好的贡献。

2015 年，华为消费者 BG 战略预备队通过训战模式，实现人才循环，共训战 218 人，支撑一线 90 个作战项目，覆盖全球 15 个地区部、17 个重点国家。

任正非在 2015 年 CBG 年度大会上这样说道："消费者 BG 要重视战略预备队的培养。既然你赚了钱，就要把一部分钱投入战略预备队中去。战略预备队就是要快速地提拔，快速地培养一些种子，散遍世界各国，四面八方。"

从有成功实践经验的人中选拔干部

为什么要选拔具有成功经验的人呢？华为给出来的答案是："不管

大项目成功还是小项目成功，他们总有一个适用的方法论，他们已不是仅仅拥有知识，而是知识已经转换成为能力。这些人再被培养后，又善于总结与自我批判，那么他们就会再有一点进步，贡献就会再大一分。"

任正非表示：

我们公司在干部选拔中，第一，一定要强调责任结果导向。在责任结果导向的基础上，再按能力来选拔干部；第二，强调要有基层实践经验，没有基层实践经验的机关人员，应叫"职员"，不能直接选拔为管理干部。如果要当行政干部，必须补好基层实践经验这堂课，否则只能是参谋。虽然西方在很多价值观的评价上不一定正确，但是西方的很多管理方法都是正确的。公司只要把住价值观这道关，西方的很多管理模型我们是可以用的。

在实践中锻炼的人，为企业大发展所需的领导干部提供了后备力量。

任正非表示：

干部应该有主管本业务的实践经验，相关的实践经验也是可以的。只要是成功过的人，都会对成功有所理解。我因为有相关的实践经验，所以对人力资源的东西能够理解。很多人没有成功过，把握不住成功的突破口在哪，就循环做功课，这样运作的成本很高。领导一定要感悟到哪里是主要作战方向，主要矛盾是什么，要怎么解决才能成功。我们要求有基层成功实践经验，就是每个人都要能抓住主要的东西，这样工作效率最高，成本最低。现在，公司机关有些人要去回炉，我主张找些小项目，去让他做小项目经理。小项目"麻雀虽小，五脏俱全"，做完以后拿来评一评，结果好就算补完课了。

"上甘岭上不会自然产生将军的，但将军都曾经是英雄""英雄不一定将来会是将军！……将军要通过自己的努力学习，全面提升自己的素质，以适应公司全球化的需要。"英雄是优秀的独立贡献者，将军是团队管理者。从英雄到将军，体现的正是优秀独立贡献者到管理者的跨越。

任正非表示："不懂战争的人指挥战争，这一定是高成本。总部机关的干部一定要对自己服务的业务有成功的实践经验，并具有快速准确、任劳任怨的服务精神与服务能力。机关的职员也一定要有服务业务的实践经验。"

注重人的大节

1998 年，华为管理层内部文章《以做实为中心迎接大发展》中这样强调："提拔干部要看政治品德。真正看清政治品德是很难的，但先看这人说不说小话，拨不拨弄是非，是不是背后随意议论人，这是容易看清的。（说小话、拨弄是非、背后随意议论人）这种人是小人，是小人的人政治品德一定不好，一定要防止这些人进入我们的干部队伍。茶余饭后，议论别人，尽管是事实，也说明议论者政治不严肃，不严肃的人怎可以当干部。如果议论的内容不是事实，议论者本人就是小人。"

任正非在文章《华为的红旗到底能打多久》中，再次强调选人要注重德："对人的选拔，德非常重要。要让千里马跑起来，先给予充分信任，在跑的过程中进行指导、修正。从中层到高层品德是第一位的；从基层到中层才能是第一位的。选拔人的标准是变化的，在选拔人才中，重视长远战略性建设。"

"现代管理学之父"德鲁克在其文章中有过这样的表述："'千军易得，一将难求。'好的领导者能激发团队最大的作战积极性，因为榜样的力量是无穷的。领导是一门艺术，更是一种智慧，是企业中高层的'孙子兵法'。当考察管理者是否诚信时，人们必定会非常重视他人品是否正直。这一点必定首先会在管理者的人事任用上体现出来。因为领导者正是通过其正直的人品，才能够实现其领导。领导者也正是通过其正直的人品，才树立了别人效仿的榜样。在人品这一点上，人们无法弄虚作假。一个领导者的同事，尤其是他的下属们，只要和领导者共事几周，就会知道他是否正直。他们可以原谅别人的无能、疏忽、缺乏安全感甚至是粗鲁无礼，但是他们却无法宽恕别人不正直。他们也无法宽恕领导者选用不够正直的人。

"这一点对企业最高领导层的重要性是毋庸置疑的，因为一个组织的精神是自上而下树立起来的。如果一个组织富有精神，那是因为它的最高领导者精神崇高。如果一个组织腐败，其根源在它的最高领导者。正所谓'上梁不正下梁歪'，如果一个员工的人品不能成为其下属效仿的榜样，最高领导者就绝不应该将他提拔到重要的工作岗位上。"

在华为，选拔中高层干部过程中，要求把干部个人品德看得高于一切。遵守纪律，有高的道德情操，忠于公司、忠于集体利益才是华为选拔的重要基础，而不能唯才是举，不能唯才选择。

任正非表示，不光老实是品德。任正非在2004年第三季度国内营销工作会议上这样讲道：

> 审查干部的标准第一位是品德，敢于到艰苦地区工作、敢于吃苦耐劳、敢于承担责任等也是品德的一部分。不光老实是品德，品德的含义是广泛的，优先要选择品德好的人做我们的干部。历史上太平盛世时期的变法大多数都失败了，特别是王安石，他选拔的干部大都是投机、吃里爬外的，后来就是这些干部埋葬了他的变法。所以我们在太平盛世主要要选择品德

好的人上岗，才能保证公司的长治久安。

在华为后备队选拔时，品德和干劲具有一票否决权；在华为大学培训和平时培养中，以技能和素质为主，品德贯穿始终。

2011 年，任正非强调："行政管理团队主要是管人。心理素质不好的人和生活作风不好的人，都不要进入行政管理团队，他们可以做普通管理干部或业务专家。"

永不满足的进取心

进取心是什么？美国现代成功学奠基人奥里森·马登在《高贵的个性》一书的扉页上的几句话清晰在目："进取心是完成崇高使命和创造伟大成就的动力。它是一种极大激发人们抗争命运的力量。于一个企业是如此，于一个民族中的每一个个体依然如此，进取心最终会成为一种伟大的激励力量。"

任正非表示："人要有进取心，要努力，要做出贡献，但是也要有满足感。将自己的力量发挥到最大，就应对人生感到无愧无悔。"

很多人都患有"目的地综合征"，他们认为自己能在企业中得到某个职位或到达某个层级，那么他们的"终点"就到达了。一旦得到自己想要的职位，他们就会偃旗息鼓，安于现状。这简直是浪费潜力！在职业生涯中，拥有上进心是人之常情，但是永远不要为自己设立"终点"。与之相反，在进行职业规划时，不要有什么条条框框。很多人并不清楚自己一生中的潜力有多大，因为他们设立的目标太低。

奋斗、永不满足的进取心永远是华为的主旋律。

"来，海涛，我们以咖啡代酒，为拿下 TTT 维保合同干一杯。"华为用户服务部主任管伟对服务经理邢海涛说道。得知处理订单的客户有可能因休假而影响订单的下发后,管伟与邢海涛在周日便驱车 400 多公里到曼彻斯特拜访客户。也许客户被这份寒冬中的热情和专注所感动,原本已经休假的客户,周一早上便早早来到办公室与管伟、邢海涛就合同条款做最后的确认。签字后,客户给采购部打去了电话:"尽快完成流程处理,争取今天给华为发出订单。"看着电脑中收到的电子订单,管伟和邢海涛悬着的心终于落下了。

其实,在全球各地,每天都会有华为员工各种各样的优秀事迹发生。他们面对的可能是自然天气、生活环境、疾病威胁、战争危险、竞争激烈等种种困难险阻,但华为人身上总有一股拼搏进取、积极向上、不畏艰难、永不服输的精神。

任正非表示:"我们腐败最主要的表现就是惰怠"。华为有些干部、员工,沾染了"娇""骄"二气,开始津津乐道于享受生活,放松了自我要求,怕苦怕累,对工作不再兢兢业业,对待遇斤斤计较。

任正非表示:

不要以为挣到钱了,舒服了,就可以惰怠了。腐败最主要的表现就是惰怠。挣了钱不想好好干活,是惰怠!小富即安,安于现状,不思进取,就是惰怠!曲意逢迎,欺上瞒下,拉帮结派,也是惰怠!今年可能会分钱很多,人力资源系统给我一个报告,他们非常担心。挣钱越多,越是公司最危险的历史时期,为什么呢?因为人会因此而惰怠。唯一阻止公司发展的就是内部腐败，这个腐败就是惰怠。因此，要加快管理干部的末位淘汰，来增加中层干部的危机感和压力。高层干部也一样，因为高层干部是公司直接选拔，公司看得见的。你后进了，就要你下去的。因此，在这个历史过程中，公司的车轮滚滚往前走，我们绝不会停息的，停息就意味着后退，停息实际上就是走向死亡。

你越优秀，追随你的人越多。如果你正在学习领导学，那你希望向任正非学习还是向杂货铺老板学习？这两种人无法同日而语，为什么呢？因为你最尊敬精明能干、经验丰富的人，也希望从他们身上学到最多。

能力是信誉的关键因素，信誉是影响力的关键因素。如果人们尊敬你，那他们会对你言听计从。美国总统林肯曾说过："我不看重今日较昨日没有进步的人。"关注自身进步你才能不断进步。

美国政治家本·富兰克林曾说过："通过自我提升，世界也会变得更美好，但是别担心进步太慢，只要别原地踏步就行。忘记自己的错误，记住得到的教训。"那你怎样才能不断进步呢？答案就在于抓住今日、提升自己。

任正非在其文章《华为的红旗到底能打多久》中这样写道：

> 公司也很重视优秀员工的晋升和提拔。我们区别干部有两种原则，一是社会责任（狭义），二是个人成就感。
> 社会责任是在企业内部，优秀的员工对组织目标的强烈责任心和使命感，大于个人成就感。以目标是不是完成来工

作，以完成目标为中心，为完成目标提供了大量服务，这种服务就是狭义的社会责任。有些干部看起来好像没有什么成就，但他负责的目标实现得很好，他实质上就起到了领袖的作用。范仲淹说的那种广义的社会责任体现出的是政治家才能，我们这种狭义的社会责任体现出的是企业管理才能。

还有些个人成就欲特强的人，我们也不打击他，而是肯定他，支持他，信任他，把他培养成英雄模范。但不能让他当领袖，除非他能慢慢改变过来，否则永远只能从事具体工作。这些人没有经过社会责任感的改造，进入高层，容易引致不团结，甚至分裂。但基层没有英雄，就没有活力，就没有希望。

所以，我们把社会责任（狭义）和个人成就感都作为选拔人才的基础。企业不能提拔被动型人才，允许你犯错误，不允许你被动。使命感、责任感，不一定是个人成就感。管理者应该明白，管理就是帮助部下去做英雄，为他们做好英雄，为实现公司的目标提供良好服务。人家去做英雄，自己做什么呢？自己就是做领袖。领袖就是服务。

大仗、恶仗、苦仗出干部

干部的选拔，华为是优先从实践人员选拔。如今，华为同时将各部门一些优秀的苗子，放到最艰苦地区，最艰苦岗位去磨炼意志；放到最复杂、最困难的环境中，锻炼他们的能力。干部可以空投到艰苦地区去锻炼，然后才能提拔，成为"将军"。华为优先选拔在艰苦地区工作的员工。

任正非表示："长期艰苦奋斗，也是以客户为中心。因为你消耗的一切都是从客户来的，你无益的消耗就增加了客户的成本，客户是不接受的。你害怕去艰苦地区工作、害怕在艰苦的岗位工作，不以客户为中心，那么客户就不会接受、承认你，你的生活反而是艰苦的。"

大仗、恶仗、苦仗出干部

任正非强调："大仗、恶仗、苦仗出干部"。任正非表示："我们强调在一些艰苦地区和国家工作的干部，如果这个干部在市场做了也称职，不要虚位以待，就让他上。我们要从那些愿意干的人中选拔。所以，对不同地区工作的干部要有不同的认识、选拔、甄别，要让他们上岗，可以当代表、副代表，可以把工资涨起来，有需要就要有导向。"

知识要在实践中转变为经验与能力。因此，华为强调文化素质较高的员工，应到一线去，到艰苦的工作中去取得成功。

要在艰苦地区，培养一批优秀的干部，这是华为的既定方针。上甘岭是不会自动产生优秀干部的，但优秀的干部必然产生在艰苦奋斗中。

任正非在其文章中这样写道：

> 自古以来，英雄都是班长以下的战士。那么，英雄将来的出路是什么呢？要善于学习，扩大视野，提升自己的能力。不仅要产粮食，而且要把"五个一"工程提前完成。然后，我们把他们送去需要的地方奋斗，我们暂且叫他们"准将"，准备当将军。准将并不是高于大校的职位，而是准备当将军的士兵。因为艰难环境考验了你，你是英雄，如果只是发个奖章戴着，还只是奖章；如果我们给英雄赋能，就会不同。

> 其他艰苦地区也是一样。据说西非地区部很赚钱，但因为埃博拉，大家不愿意去西非。西非地区部不能只想着靠计划保障模式，要把正向激励做起来。对西非的英雄要加快对他们的循环赋能，让他们大批走上准将的岗位。西非地区部要建立良好的保障系统，创造自己的小环境，提高员工生活质量，比如把食堂装修漂亮，里面有音响设备，外边不能玩了，大家还可以在家里跳跳舞。小环境指行政费用开支等，艰苦地区保障部逐个国家讨论，拿出意见来。

> 片联要加快选拔优秀的、有眼光的、有见解的人，加快

赋能培训。西非就是一个炼炉，到那里去炼一炼，出来也是准将，有谁不愿意去西非呢？

他们的考核基线，与北京、上海不一样，放宽他们一些考核基线，他们出成绩的机会就多了。既然他们赚钱多，可以给他们一些政策，薪酬包改变要快，职级提升也要快。当然，你们想当"官"，我可以理解，但华为的"官"只有一个统一标准，他们应该加快循环赋能。公司民主选举"明日之星"，如果别的地区部表彰20%，那他们可以表彰多一些，这次可以先试点。

片联要把艰苦地区干部循环出来赋能。

片联说这个地方需要谁，就让他在那里堵机枪，身体已经被打穿了7个孔，还堵得住吗？就把他拉回来到重装旅、重大项目部或项目管理资源池去循环培训，然后他也达到了跟别人同级的水平，别人只能定个上尉，他就可以定高一些。这样激励那些曾经历英雄考验的人，在华为能比别人更容易担负起担子来。

我们认为代表、CFO要全球流动，随时要流到艰苦地区去。如果可以做代表，先分到西非、利比亚……去做个代表、副代表试试。如果他只能在好地方做代表，流不动，将来我们就是死水一潭。

选拔干部第一选的是干劲

任正非表示："在华为创业初期，除了智慧、热情、干劲，我们几乎一无所有。"

在华为初期，各个部门的工作紧张而有节奏，每天匆匆地来，匆匆地回。每个人都鼓足了干劲，午休垫子一铺倒下就睡，晚上加班是家常便饭。在他们身上，可以看到对事业执着的追求和热爱，看到了点滴进取和持之以恒的努力，也可以看到华为的未来和希望。

任正非表示：

我们公司越来越开放了，越来越开放了以后，我们认为我们越来越互相理解了。我们在选人的时候，除了品德合格外，我认为能力与干劲是重要的。这个人有这个能力、有这个干劲，就可以让他做这个工作，为什么一定要资历呢？这样的话，一大批年轻的干部，就迅速成长起来了，挑起担子。完全靠原有的干部成为世界第一是不现实的。

华为在加快全球化步伐，建立全球化管理架构的同时，要在全球范围培养、提拔一大批有使命感、有战略思维、善经营、有干劲的干部，充实到各级管理团队中，创造干部队伍内部的良性竞争机制。考核干部不光看技能，不能带兵，没有奋斗意志、没有干劲的干部，要将其从各级行政管理岗位上调整出来。

以全球化的视野选拔干部

早在 1994 年，任正非就喊出了 "10 年之后，世界通信制造业三分天下，必有华为一席"的"狂言"。这意味着华为将不可避免地走上全球化的不归之路。但华为"出海"的底气究竟在哪里？

中国是世界上最大的新兴市场，因此，世界巨头云集中国。公司创立之初，就在自己家门口碰到了全球最激烈的竞争。华为在国内的竞争中，以"开放、进取"的姿态，"像海绵一样"虚心吸取世界先进的研发机制、营销方法、管理手段和竞争规则。在人力资源管理方面戴上"美国帽"，在产品开发管理和供应链管理方面穿上"美国鞋"，在生产和品质管理方面装上"德国芯"，通过不断的管理变革，逐步构建起了以客户为中心，以市场为驱动的端到端流程型组织。

这些全球一致的商业逻辑和管理精髓，为逐鹿天下夯实了基础。华为从来没有被国家政策扶持所左右，也不像互联网新贵们如此专注于只接中国的"地气"。因为任正非心里清楚：与国际一流对手在全球市场上拼杀，是中国企业走向世界的必由之路。

华为为什么要进行全球化扩张？用任正非的话表达，就是为了活下去。华为从十几年前走出国门，屡战屡败，屡败屡战，并最终成为世界500强排名第285位的全球通信行业领导者。

干部队伍建设是华为全球化扩张的瓶颈。华为未来需要的管理者是对市场有深刻洞察和宽文化背景的人。要大胆、开放、积极地引入外籍职业管理者和外籍专家，与华为的优秀青年组成混合团队，建设"混凝土"组织。

任正非表示：

未来公司需要什么样的干部？我认为未来公司需要的管理干部是对市场有深刻体验和宽文化背景的人。宽文化背景怎么理解？大杂烩，什么都懂一点。要成为高级干部都要有宽文化背景，干部要进行必要的循环，这是宽文化学习的好机会。我认为是很重要的，是非常有意义的，是对大家的培养和关怀。

我们的基本策略是通过引进少量高成本的明白人，带起来一批低成本的聪明人。我们招进来的明白人，主要要利用其经验和方法，把自己的队伍带起来。我们自己的年轻人其实悟性好，激情也高，就是没经验，没方法，有个明白人带一带，他们就能做得好。

大胆、开放、积极地引入外籍 CFO、外籍专家，与华为的优秀青年组成混合团队，建设财经"混凝土"组织。让有为的员工走上合适的管理与专家岗位。过去，我们的管理开放不够，使一些优秀人才得不到充分发挥。欢迎他们回来，与我们一起奋斗。

可以说，任正非是一个将实用主义用到极致的企业领袖，但他同时极为注重实用主义与战略眼光的嫁接。他要求高管要提升市场前瞻的基础洞察能力。在他看来，未来的领袖要有两个条件：技术洞察能力和市场洞察能力。而华为缺少的正是有这种系统思维的战略家和思想家。他提出，将来华为的轮值 CEO 要做思想家，手脚都要砍掉，只剩脑袋；首席 ×× 官要做战略家，应该站在全局视野上看系统结构，先将他们的屁股砍掉，让他们不能坐在局部利益上。"现在有些高级领袖整天忙于日常事务，没时间去想系统结构，打仗主要还是靠方向，而不是投入兵力多少的问题。"他说。

任正非认为华为要走向世界级，必须有一批战略家和思想家出现。"如果我们都只会英勇奋战，思想错了，方向错了，我们越厉害就越有问题。所以，我们希望你们中间能产生思想家，不光是技术专家，要产生思想家，构筑未来的世界。"

所以，他经常给高端专家、干部讲"要望星空"。他提出，高端专家、干部要多参加国际会议，多与别人喝咖啡交流，在宽松的环境下，可能听到世界最高层的人讲话的真谛。任正非用一个比喻来说明：

向上是大喇叭口望星空，吸收宇宙能量；向下，喇叭口传达到博士、准博士……培育未来的土壤。这两个锥型体连接在一起，就是一个拉瓦尔喷管。拉瓦尔喷管就是火箭的发动机，产生强大的动力，火箭就上天了。这样，华为的未来才会像火箭发射器一样。我们已经有些将军了，下面要成为思想家的时间更漫长。我们已经等不了这么长时间，我们在三五年内一定要决策出我们的战略是什么。

干部选拔的关键行为标准

华为进行干部选拔的时候，不同的管理层级、不同的业务部门，采用的是同一套标准。这套干部选拔的标准，包括 3 个关键行为标准：

◆ 品德与作风是干部的资格底线。

◆ 干部选拔以绩效为分水岭。

◆ 领导力素质是干部带领团队持续取得高绩效的关键。

品德与作风是干部的资格底线

在选拔干部的时候，要看品德，不能唯才是举。不符合品德要求的干部是要一票否决的，在这方面的考核也是通过关键事件来进行考核。譬如说，在评价一个干部他是否具有艰苦奋斗的工作作风方面，会从这些方面来进行评价：用人是不是五湖四海，不拉帮结派？是不是实事求是敢讲真话，不捂盖子？是不是能够耐得住寂寞，受得了委屈？

任正非曾在文章《华为的红旗到底能打多久》中这样写道："对人

的选拔，德非常重要。要让千里马跑起来，先给予充分信任，在跑的过程中进行指导、修正。从中层到高层品德是第一位的，从基层到中层才能是第一位的，选拔人的标准是变化的，在选拔人才中重视长远战略性建设。"

华为在选拔中高层干部过程中，把干部个人品德看得高于一切，遵守纪律，有高的道德情操，忠于公司、忠于集体利益才是华为选拔的重要基础，而不能唯才是举，不能唯才选择。

在华为，品德不仅仅包括思想道德、生活作风，更是一个广泛的概念，还包括责任心、使命感、敬业精神、愿意到艰苦地区去工作、在磨炼中成长，以及管理好团队的能力。

华为干部后备队选拔时，品德和干劲作为一票否决；在华为大学培训和平时培养中，以技能和素质为主，品德贯穿始终。

干部选拔以绩效为分水岭

华为有一个"赛马文化"，也就是说，所有的人加入到华为之后，他过去所有的学历、工作经历都一笔勾销，每一个人都是站在相同的起跑线上。因此，它就像一个巨大的马群，万马奔腾，一定会有那些跑得最快的人。

"赛马文化"，其核心理念是"以责任心、使命感和绩效选拔干部，用发展机会激励和培养人才"。"快马是自己跑出来的"，要强调管理者必须具备基层成功实践经验；"让想跑的马有机会跑，让能跑的马跑得快"，给绩优的员工、管理者尤其是年轻的优秀基层管理者更多承担责任、展示才华的机会；"让跑得快的马跑得更远"，针对多业务全球化形势下领导力的短板，坚持员工对自我发展负责，在从实践到理论再到实践的循环中成长的原则下，给一定层级绩效优秀又有强烈个人发展意愿的干部提供"之"字型发展的机会，让他们具备跨领域、跨文化的管理经验和能力。

作为企业的领头羊，干部是起决定性作用的。绩效是必要条件和分水岭。如果没有绩效，就进不了干部选拔的通道。华为规定到前 25%，才有可能进入更高层级的管理岗位。华为有一句话，茶壶里的饺子你必须得倒出来，不倒出来华为是不认的。

考核干部的标准怎么定？如果是绩效与关键行为相结合，往往导致看素质（关键行为过程）觉得你可以，给你一个机会去干，淡化了绩效这个硬条件，带来的结果有可能是：说你行就行，说你不行就不行，导致提拔和使用干部的随意性大，可能带来用人不公。

2005 年，华为高层进行过多轮激烈讨论，甚至拍桌子争吵，最后形成决议：干部选拔以绩效为分水岭，绩效在前 25% 的才看关键行为过程，没有在前 25% 的不在提拔之列。这样，就从制度层面杜绝了华为轮值 CEO 徐直军所讲的"胡志明小道"现象——通过拉关系、走门子、攀附山头得到晋升。

紧接着，2006 年华为又进一步推行了薪酬改革，重点是"按责任与贡献付酬"，而不是按资历付酬。根据岗位责任和贡献产出，决定每个岗位的工资级别；员工匹配上岗，获得相应的工资待遇；员工岗位调整了，工资待遇随之调整。

这次改革受益最大的，是那些有奋斗精神、勇于承担责任、冲锋在前并做出贡献的员工；受鞭策的，是那些安于现状、不思进取、躺在功劳簿上睡大觉的员工。老员工如果懈怠了、不努力奋斗了，其岗位会被调整下来。

什么是华为认可的绩效？有 3 条标准。第一是最终对客户产生贡献才是真正的绩效；第二是关键行为过程要以结果为导向；第三是素质能力不等于绩效。不承认茶壶里的饺子，只有真正表现出绩效的结果才是公司所认可的绩效。

在华为，绩效是评价一个员工非常重要的一个标准，绩效的结果会影响到员工很多方面，包括薪酬、奖金、股票、晋升的机会等。

任正非表示：

将末位淘汰融入日常绩效考核工作体系，实现末位淘汰日常化。已经降职的干部，一年之内不准提拔使用，更不能跨部门地提拔使用，我们要防止"非血缘"的裙带之风。一年以后卓有成绩的要严格考核。对于连续两年绩效不能达到公司要求的部门／团队，不仅仅一把手要降职使用，全体下属干部和员工也要负连带责任。

不合格干部的末位清理绝不能只停留在基层主管层面，对于不合格的中高层干部同样要动真格的，要实行末位淘汰。每个层级不合格干部的末位淘汰率要达到10%，对于未完成年度任务的部门或团队，干部的末位淘汰比例还可适当进一步提高。

公司的末位淘汰制度主要针对行政管理者，而不是针对员工的。要强化落实对干部群体分层级的末位淘汰，现阶段重点抓好对年度排序在后10%的中基层管理者的末位淘汰。对不适合担任管理岗位的人员，可以调整到其适合的业务岗位上工作。

　　不合格干部清理和员工末位淘汰要形成制度和量化的方法，立足于绩效，用数据说话。面向未来，要逐步把不合格干部清理和员工末位淘汰工作融入日常绩效管理工作体系中，以形成一体化的工作模式，而不是独立开展的工作。

华为坚持以有效增长、利润、现金流、提高人均效益为起点的考核，凡不能达到公司人均效益提升改进平均线以上的，体系团队负责人，片区、产品线、部门、地区部、代表处等各级一把手，要进行问责。在超越平均线以上的部门，要对正利润、正现金流、战略目标的实现进行排序，坚决对高级管理干部进行末位淘汰。

　　华为对 12 级及以下人员的考核做了改变，是绝对考核，但对 13 级及以上的"奋斗者"，实行相对考核，特别是担任行政管理职务的人，坚定不移地实行末位淘汰制。

　　任正非表示：

　　　末位淘汰是华为从西点军校学来的，它的目的是用来挤压队伍，激活组织，鼓励先进，鞭策后进，形成选拔领袖的一种方式。高端员工要去做领袖，逼着他优秀了还要更优秀，是痛苦一些。不是天将降大任于斯人吗？必先苦其心志。不能指望基层员工一下子就去做领袖，要让他们在宽松的状态下去工作，创造绩效，多些收益。

领导力素质是干部带领团队持续取得高绩效的关键

华为有一个共同的能力标准，就是对于干部而言，华为的领导力的要求。华为从 1996 年就开始跟合益进行合作，2005 年华为再度和合益合作，开发了华为领导力模型。

华为领导力模型包括 3 个方面的内容，有 3 大核心模块。第一块是建立客户能力；第二块是建立华为公司的能力；第三块是建立个人能力。其中包括了 9 个关键素质，这 9 项关键素质后来被衍生为华为在干部选拔的时候会进行的干部评价，叫作"干部九条"。

对于领导力素质的评价，不像一般写评语，用一些非常通用的、非常含糊、放之四海而皆准的评价，而是要求必须基于具体的事例。

为了让管理者们能够掌握这些比较专业的方法，其实在华为的领导力模型建模的项目过程当中，就卷入了很多业务干部来参与，这也是华为管理变革的一个特点。

不管是人力资源、财务管理、供应链管理，还是研发管理方面的，都会有大量的来自不同领域的业务干部参与到这个项目的过程中间去。一方面他们可以比较深刻地了解公司进行管理变革的背景、过程，深刻地了解变革的思想、方法怎样发生。另一方面，共同参与的过程也使得大家对于这一项管理变革产生了更多认同感，在今后工作中会有更多身体力行、更多的支持。

华为的干部九条经过实践之后，后来慢慢地演化成了"干部四力"，也就是：决断力、理解力、执行力和人际连接力。

高级干部要求具有比较强的决断力和人际连接力；中层干部要有理解力；基层干部要有执行力。

如何正确理解绩效、领导力素质和干部选拔的关系，华为内部文件中有着这样的记录：

◆ 绩效不仅仅是销售额，而是员工在本岗位担负责任的有效产出和结果。
◆ 领导力素质是干部带领团队持续取得高绩效的关键行为，是员工和各级干部追求进步的方向和自我学习、自我修炼的路标。

绩效、领导力素质与干部选拔的关系：

有果必有因，有因未必有果，因就是领导力素质，果就是绩效。有绩效就必有产生绩效的原因，这原因可能是领导力素质，也可能是其他（如偶然因素、领导力素质未覆盖的其他素质），因此有绩效未必能成为干部，还要看他是否具备领导力素质。

具备领导力素质未必能取得高绩效，因为领导力素质是不完全归纳，不可能全覆盖成功的所有要素，因此不具有可逆性；评价一个人是否具备领导力素质是通过实践和关键事件过程行为考核来证明的。

因此华为认为，不能用不完全的、主观的、不确定的方法来选拔干部。而绩效和成功经验是客观存在的，应该可以作为干部选拔的基础；但由于也有偶然性，故还须评价其是否具备领导力素质。只有在有绩效的前提下，再具备领导力素质的员工才能成为干部。也就是说，干部选拔应以客观事实为主，主观评价为辅。

延伸阅读

正确的价值观和干部队伍

　　坚持干部选拔制和干部在成功实践中成长的原则，大力提拔和磨炼具备基层成功实践经验的年轻干部、加强专家队伍建设，让想干、能干、干得好的人才成为焕发组织活力的源泉。

　　"宰相必取于州部，猛将必发于卒伍"，坚持贯彻以责任结果为基础的"赛马文化"，其核心理念是"以责任心、使命感和绩效选拔干部，用发展机会激励和培养人才"。"快马是自己跑出来的"，要强调管理者必须具备基层成功实践经验；"让想跑的马有机会跑，让能跑的马跑得快"，给绩优的员工、管理者尤其是年轻的优秀基层管理者更多承担责任、展示才华的机会；"让跑得快的马跑得更远"，针对多业务全球化形势下领导力的短板，坚持员工对自我发展负责，在从实践到理论再到实践的循环中成长的原则下，给一定层级绩效优秀又有强烈个人发展意愿的干部提供"之"字型发展的机会，让他们具备跨领域、跨文化的管理经验和能力。

在一个庞大的组织中让优秀人才脱颖而出、发挥出能量，并不是一件容易的事，因此要有特别的制度安排。高级干部要善于发现好苗子，在幼苗破土时要给予关怀和支持，但在其成长阶段要允许他们在实践中经历风雨磨砺，优胜劣汰而不要拔苗助长。

我们需要培养、引进大量的业务专家来管理越来越复杂的业务，各级行政长官只有敢于承认自己"有所不知"，才能真正对专家赋权；只有对专家赋权，使他们真正在业务决策中发挥作用，组织才能获得赋能；同时专家也必须深入项目、深入基层实践，勇于担责，真正发挥专业价值。

要广纳天下英才为我所用，获取人才要视野开阔，不仅仅要从公司内部发现、培养优秀人才，也要关注公司以外的优秀人才。

优秀人才要能找得到，还要能用得好；用得好，才能留得住。主管胸怀宽广才能用好人才，听得进不同意见才能鼓励下属畅所欲言、集思广益。妒贤嫉能的结果一定是有才之士纷纷离去。人才使用中要用心做好人与岗的匹配工作，既要坚持围绕岗位要求选拔和配备合适的人员，也要关注员工个人的能力经验特点和发展意愿，让员工在合适的岗位上人尽其才、才尽其用，内部人才市场要在这个过程中发挥积极的作用。

要承认不同人才在组织中的不同价值贡献，各类人员存在的问题和面对的挑战也各不相同。为此，不能简单、机械、教条地用一套人力资源方法去解决各自不同的问题。公司近期逐步形成的人才金字塔管理思路和机制，就是要根据不同人群的特点和管理问题，针对性地制定"选、用、留、育、管"政策和解决方案，从而使不同人才的问题得到针对性解决，充分发挥他们的作用。

只有落实好以上政策和措施，我们才有可能吸引、留住更多优秀人才，让他们尽情发挥，把华为打造成组织追求和个人价值共赢的事业平台，让人才成为华为事业壮大的发动机。

（华为副董事长兼轮值 CEO 胡厚崑在华为 2013 年年度干部工作会议上的发言）

第 **7** 章

奋斗越久越划算

CHAPTER 7

　　根据华为统计，华为员工的收入在第一、二年的时候，跟行业平均水平相比，领先程度并不明显，但是到第三年以后，奖金和长期激励部分就会越来越明显，特别是长期激励部分。华为内部常讲，奋斗越久越划算，工资变成零花钱。

获得资本增值的报酬

华为的核心价值观中有以奋斗者为本。什么叫以奋斗者为本？就是华为的劳动和资本的分享。劳动部分，即雇员收入增长大于华为的资本分享，也就是利润部分，而且这个利润的分享，不是少数人分享，分享的是现在的 82000 多名合伙人。

根据华为统计，华为员工的收入在第一、二年的时候，跟行业平均水平相比，领先程度并不明显，但是到第三年以后，奖金和长期激励部分就会越来越明显，特别是长期激励部分。如果有机会到海外去工作的话，还会增加非常多的补助，收入会有大幅增长。华为内部常讲，奋斗越久越划算，工资变成零花钱。

华为的长期激励中很大一部分是股权激励。华为所推行的员工持股制是华为公司价值分配体制中最核心、最有激励作用的制度。在股权上实行员工持股，但要向有才能和责任心的人倾斜，以利益形成中坚力量。华为的员工普遍有持有公司股份的机会。每一个年度，员工可根据对其评定的结果，认购一定数量的公司股份。

通过股权的安排，使最有能力和责任心的人成为公司剩余价值的索取者。华为公司的股权分配强调持续性贡献，主张向核心层和中间层倾斜。员工持股的激励是短期的激励和长期的激励相结合。华为股权的分配不是按资分配，而是按知分配，它解决的是知识劳动的回报问题。股权分配是将知识回报的一部分转化为股权，从而转化为资本；股金解决的则是股权的收益问题，这样就从制度上初步实现了知识向资本的转化。[①]

早在 1997 年前后，华为就在薪资水平上向西方公司看齐。不如此，就很难吸引和留住人才。为了同样的目的，创立初期，华为就在员工内部实行"工者有其股"。发展 20 多年后，当年并不值钱而且多年未分红的华为股票，现在成为员工最看重的资产。

2001 年前，华为处在高速上升期，华为原薪酬结构中股票发挥了极其有效的激励作用。那段时间的华为有种"1+1+1"的说法，即员工的收入中，工资、奖金、股票分红的收入是相当的。员工凭什么能获得这些？凭借的是他的知识和能力。在华为，"知本"能够转化为"资本"。

任正非的理论是：知识经济时代是知识雇佣资本，知识产权和技术诀窍的价值和支配力超过了资本。资本只有依附于知识，才能保值和增值。

把知识转化为资本，知本主义实现制度是华为的创新。其表现在股权和股金的分配上。股权的分配不是按资本分配，而是按知本分配，即将知识回报的一部分转化为股权，然后通过知本股权获得收益。华为对人力资本的尊重还体现在华为基本法中。任正非在《华为公司基本法》起草过程中多次说到，高技术企业在初期使用知本（知识资本）的概念

---

①陈明. 华为如何有效激励人才 [J]. 商业财经，2006.

是很准确的。资本要考虑知本和风险资本两个方面，知本要转化为风险资本，风险资本要滚大。否则，不能保证企业的长期运作；风险资本既包括企业风险资本，也包括外部风险资本；在价值分配中要考虑风险资本的作用，要寻找一条新的出路。劳动、知识、企业家的管理和风险的贡献累计起来以后的出路是什么？看来是转化为资本。我们不能把创造出来的价值都分光了，而是要积累成资本，再投入到企业的经营中去。

任正非在企业内部推行"工者有其股"的激励机制，让员工和企业共同奋斗，共同受惠，形成了一个有机的命运共同体。

华为有两大股东，一是代替员工持股的深圳市华为投资控股有限公司工会委员会，持股比例为99%。另一个是自然人任正非，持股比例为1%。

在华为的17万名员工中，已有8万人加入了持股计划，该计划当前对于公司股票的定价为每股5.42元。2013年每股分得的红利为1.41元，相当于以当前的价格买入将获得26%的收益率。

在华为深圳总部的一间密室里，有一个玻璃橱柜，里面放了10本蓝色的册子。这些厚达数厘米的册子里记录着约8万名员工的姓名、身份证号码以及其他个人信息。根据一项"员工股票期权计划"，册中的员工持有公司约99%的股份。

一个领死薪水的员工，不可能主动去帮客户想出创新的解决方案。但华为的员工因为把自己当成老板，待得越久，领的股份与分红越多，所以大部分人不会为了追求一年两年的短期业绩目标而牺牲客户利益，而是会想尽办法服务好客户，让客户愿意长期与之合作，形成一种正向循环。

自"工者有其股"的计划于1997年引入以来，华为股票价格的上涨幅度已经超过了 5 倍，同期深圳股票市场的涨幅为 250%，这与华为发展壮大的程度一致。最初的华为不过是一家在深圳的两间小公寓里创立起来的小公司。正如华为董事会首席秘书江西生所说："当时任正非常常谈到未来有多美好，但我们都认为他想得太远。现在这些梦想都已经实现了，这段时期是华为的黄金时代。"

华为的配股政策还是需要做出改革的。任正非表示：

> 我作为老班子犯了很多错误，我今天来纠正这些错误。我负责把我过去的错误纠正了。
>
> 以前的配股由我签字就行了，有些人多配了，有些人少配了。对于少配了的，我赔礼道歉。对于多配了的，希望你能理解我，你能不能自己减退一点，使得社会平和一点。过去 20 年就是这样走过来的，永远都会有错误。在我们体系、制度、方法不完善的时候，难免做了很多错的事。
>
> 我们一步步地改，但不会激进地全面改革。希望新制度推出来时，我们在座的人带头践行，使得公司有合理的分配机制。以奋斗者为本，就是你只分享你贡献的一部分。你总要交一点出来，所以公司不管如何提高员工收入，是不会出现财务风险的。现在调整的过程中有难题，就怕我们左一阵子，右一阵子。出现的这些问题，我希望通过沟通妥善合理地解决。

对于华为坚决不上市，外界一直难以理解任正非的逻辑。

获得资本的青睐是件好事，但也有危机，因为逐利的资本需要的是"股东利益最大化"，市值的沉浮成为企业经营管理者每天关注的焦点。

当一个企业按照证券分析机构的观点来决定做什么、不做什么时，这个企业离死亡也就不远了，这是华为至今坚持不上市的主要原因。

关于华为为什么不上市，任正非曾说："公司过早上市，就会有一批人变成百万富翁、千万富翁，工作激情就会衰退。这对华为不是好事，对员工本人也不见得是好事。华为会因此增长缓慢，乃至队伍涣散。"

华为股权激励的几个阶段

华为老员工很多，对老员工配股配得多一点。有人建议老员工适当降一点股份，这样的话对努力奋斗的、绩效优秀的新员工是一种激励。任正非表示：

> 但得他自愿。我告诉你们一个消息，董事长孙总今年就带头减持了她的股票。去年还有好多优秀骨干自动写申请将股票减持下来，而且还降得不少啊，有些人自愿降了一半啊，人力资源委员会都已经批准了。明年队列清楚后，我也会减掉一部分股份，使队列更加合理。所以，要看到高层干部里的觉悟还是很高的，是能够理解公司的。华为需要这种自我牺牲精神。如果这能形成一种机制，老员工能在自己冲不动的时候，为了公司的可持续发展而主动申请将自己的股票降下来，分配给更多的、优秀的、有冲劲的员工，华为将会长胜不衰。

创业期股票激励

创业期的华为，一方面由于市场拓展和规模扩大需要大量资金，另一方面为了打压竞争者需要大量科研投入，加上当时民营企业的性质，出现了融资困难。因此，华为优先选择内部融资。内部融资不需要支付利息，存在较低的财务风险，不需要向外部股东支付较高的回报率，同时可以激发员工努力工作。

1993 年年初，在深圳蛇口的一个小礼堂里，华为召开了 1992 年年终总结大会。当时全体员工 270 人，第一次目睹了任正非满脸沉重、嗓音沙哑的真情流露。会议开始后，只见任正非在台上说了一句"我们活下来了"，就泪流满面再也说不下去，双手不断抹着泪水……

这是一面镜子。从中，我们可以窥见任正非创业初期经受的艰辛与屈辱，也可以看见后来采取共赢市场策略和全员持股时，他的内心有多么坚定。宁愿与所有人利益均沾，宁愿自己只占 1% 的股份，也要让合作伙伴、让员工和自己一起拼命把企业做大。

此时，华为已经具备了突出的成本优势，但它还需要市场规模。

没有强大的资金实力，成本优势再明显，也难以做大市场，那么规模经济之下的成本优势就体现不出来，华为就等于没有优势。关键是资金，但 1992 年华为销售收入只有区区 1 亿元，这点资金远远不够做市场。何况，研发也是一个需要花大价钱招收大量技术人员和连续投入大量资金的漫长过程……此时华为资金极为紧张，面临生死大考验。

资金在哪里？

20 世纪 90 年代初，国外竞争对手们纷纷通过技术转让、与邮电系统甚至与当地政府成立合资公司等方式进入中国市场。任正非想，既然外资可以这样，自己拥有核心技术，为什么不可以呢？华为很快学到了这一点，而且做得更加彻底——华为不只是与一个地方的邮电系统合资，而是与全国的邮电系统合资，广泛吸收股份。

更绝的是，华为并不吸收只给予资金支持而没有业务往来的单纯资金，而是将风险投资的目标集中在各地既有市场又拥有资金的客户群即邮电系统上。也就是，邮电系统出资与华为合作组建一个新公司，华为入股并主导经营。这便是 1993 年得到广东省和深圳市支持，华为与全国 21 家省会城市邮电系统联合发起成立的合资公司——莫贝克公司，注册资金 8881 万元。华为给邮电股东们的年分红承诺达 30%。

对邮电系统而言，这是用自己的资金在自己的地盘做市场，让自己获利，自然全力以赴。

通过这种方式，华为与电信局客户之间形成了资金和市场的紧密联盟，就像硬币的两面，一面获得资金另一面获得市场。资金解决了，市场打开了，华为大转折，迈过生死关。高利润为华为带来了全新的经营思维。此时，手握大把现金的任正非，开始更深层面的经营策略：把高额利润带来的企业优势全部做足，以此激发出员工的所有激情，以"滚雪球"的方式，实现加速度和更大规模的发展。于是任正非做出了两项决定：

◆ 实行全员高薪，激发员工潜力。

◆ 实行全员持股，形成企业内部的"全员利益共同体"。

创办初期，作为民营企业，华为融资困难，为了吸引人才，任正非大量稀释了自己的股份，这就是华为的全员持股。

1990 年，华为第一次提出内部融资、员工持股的概念。当时参股的价格为每股 10 元，以税后利润的 15% 作为股权分红。那时，华为员工的薪酬由工资、奖金和股票分红组成，这三部分数量几乎相当。其中股票是在员工进入公司一年以后，依据员工的职位、季度绩效、任职资格状况等因素进行派发，一般用员工的年度奖金购买。如果新员工的年度奖金不够派发的股票额，公司帮助员工获得银行贷款购买股权。

华为采取这种全员持股方式，带来了以下两个好处：

◆ 减少公司现金流风险，且内部融资无须支付利息，降低了财务风险，也不需要向外部股东支付高额分红。

◆ 增强了员工的归属感。全员持股等于给员工描述了一幅愿景——在未来会有高额的回报。同时，由于全员持股，员工有了一种主人翁的意识，责任感和归属感也随之而来。

在股权激励和主人翁意识的驱动下，华为人夜以继日地奋斗着，即使拿着微薄的薪水、住着简易的农村房，他们始终保持高昂的战斗状态，期望着年底的奖金、分红，以及股权。

全员持股是一剂绝佳的绩效激励措施，它以利益均沾的形式，让每个员工都心系公司命运，并为之努力提升个人和团队的绩效。当时，华为员工自嘲道："这些躺在纸面上的'数字'，不知何时能兑现。"但他们清醒地意识到，如果不努力，这些数字永远不会"复活"。

也就是在这个阶段，华为完成了"农村包围城市"的战略任务。1995 年销售收益达到 15 亿元人民币；1998 年将市场拓展到中国主要城市；2000 年在瑞典首都斯德哥尔摩设立研发中心，研发技术上了一个新台阶，海外市场销售额达到 1 亿美元。2000 年年底，华为的销售额已经突破了 100 亿元人民币大关。

我们看到华为采取全员持股取得巨大成就的同时，还应注意到全员持股不是万能药，它也存在巨大风险，即无法兑现。那么，华为全员持股为何能如此成功？其原因，我们后面会讲到。

按照华为的内部股票制度和经营情况，如果一名有发展潜力的员工在 1997 年进华为，1998 年时拿到 1997 年年终奖金 4 万元，会分得 8 万元股票；1999 年，8 万元股票分红 60%，同时分得 1998 年的奖金 8 万元，但又会分得股票 18 万元。这时他在华为工作 3 年就拥有了 26 万元的华为股票，当然这些股票需要用现金来买，离职时按一定比例兑现。而且，公司分配给人才的内部股票，不买还不行，不买就意味着和公司不是一条心，会影响到下一步的升职、加薪。华为内部股票的分红比例，1992～1996 年都高达 100%，1997 年为 70%，之后递减到 2002 年的 20%，一年发一次红利，红利自动滚入本金。

任正非在其文章《天道酬勤》中这样写道：

> 公司创业之初，根本没有资金，是创业者们把自己的工资、奖金投入到公司，每个人只能拿到很微薄的报酬。绝大部分干部、员工长年租住农民房。正是老一代华为人"先生产，后生活"的奉献，才使公司挺过了最困难的岁月，支撑了公司的生存、发展，才有了今天的华为。当年，他们用自己的收入购买了公司的内部虚拟股，到今天获得了一些投资收益，这是对他们过去奉献的回报。
>
> 我们要理解和认同，因为没有他们当时的冒险投入和艰

苦奋斗，华为就不可能生存下来。我们感谢过去、现在与公司一同走过来的员工。他们以自己的泪水和汗水奠定了华为今天的基础。更重要的是，他们奠定与传承了公司优秀的奋斗和奉献文化，华为的文化将因此生生不息，代代相传。

网络经济泡沫时期的股权激励

股权激励并非万能，当股权激励的力度不够大时，其效果就相当有限。华为公司刚开始所进行的股权激励是偏向于核心的中高层技术和管理人员，而随着公司规模的扩大，华为有意识地稀释大股东的股权，扩大员工的持股范围和持股比例，增加员工对公司的责任感。

2000 年网络经济泡沫时期，IT 业受到毁灭性影响，融资出现空前困难。2001 年年底，由于受到网络经济泡沫的影响，华为迎来发展历史上的第一个冬天，此时华为开始实行名为"虚拟受限股"的期权改革。

在经济危机时期进行股权激励，留住企业核心人才的同时也要开拓市场。在经济危机时期，很多企业的人才流失并非是裁员，而是当员工预期企业未来的业绩不好时，主动选择离职，以便有更多的机会寻找更好的工作。那么，对员工进行股权激励，一方面增强了员工的主人翁意识，另外一方面也有利于减少员工的流失率。同时，股权激励是建立在未来盈利水平上的一种激励模式，公司不仅要实施股权激励，也要积极开拓市场，增加市场份额，以保证公司未来广阔的发展空间和稳定的现金流。

在此之前，华为几乎年年向员工配股，股票又从何而来？

2001 年后，华为公司实行了相应的员工持股改革：新员工不再派发长期不变 1 元 1 股的股票，而老员工的股票也逐渐转化为期股，即所谓的"虚拟受限股"（下称"虚拟股"）。虚拟股由华为工会负责发放，每年华为会根据员工的工作水平和对公司的贡献，决定其获得的股份数。员工按照公司当年净资产价格购买虚拟股。

拥有虚拟股的华为员工可以据此享受一定数量的分红权和股价升值权，但是没有所有权，没有表决权，不能转让和出售，在离开企业时自动失效。

这就是说，假如华为向一名员工配虚拟股 1 万股，这或许并不表明华为需要增发 1 万股新股供认购。此外，虚拟股是否对应着华为相同数量的股份，这都是未知数。

虚拟股的发行，维护了华为公司管理层对企业的控制能力，不至于导致一系列的管理问题。总体而言，这个阶段华为的股权激励政策有以下 3 个特点：

◆ 新员工不再派发长期不变 1 元 1 股的股票。

◆ 老员工的股票也逐渐转化为期股。

◆ 以后员工从期股中获得收益的大头不再是固定的分红，而是期股所对应的公司净资产的增值部分。

期股比股票的方式更为合理。华为规定，根据公司的评价体系，员工获得一定额度的期股，期股的行使期限为 4 年，每年兑现额度为 1/4，即假设某人在 2001 年获得 100 万股，当年股价为 1 元 / 股，其在 2002 后逐年可选择 4 种方式行使期股：兑现差价（假设 2002 年股价上升为

2元，则可获利25万元）、以1元／股的价格购买股票、留待以后兑现、放弃（即什么都不做）。从固定股票分红向虚拟股的改革，是华为激励机制从"普惠"原则向"重点激励"的转变。

非典时期的自愿降薪运动

2003年，尚未挺过泡沫经济的华为又遭受非典的重创，出口市场受到影响，同时和思科之间存在的产权官司直接影响华为的全球市场。华为内部以运动的形式，号召公司中层以上员工自愿提交"降薪申请"，同时进一步实施管理层收购，稳住员工队伍，共同渡过难关。

2003年的这次配股与华为以前每年例行的配股方式有3个明显差别：

◆ 一是配股额度很大，平均接近员工已有股票的总和。

◆ 二是兑现方式不同，往年积累的配股即使不离开公司也可以选择每年按一定比例兑现。一般员工每年兑现的比例最大不超过个人总股本的1/4，对于持股股份较多的核心员工，每年可以兑现的比例则不超过1/10。

◆ 三是股权向核心层倾斜，即骨干员工获得配股额度大大超过普通员工。

此次配股规定了一个3年的锁定期，3年内不允许兑现。如果员工在3年之内离开公司的话，则所配的股票无效。华为同时也为员工购买虚拟股权采取了一些配套的措施：员工本人只需要拿出所需资金的

15%，其余部分由公司出面，以银行贷款的方式解决。自此改革之后，华为实现了销售业绩和净利润的突飞猛涨。

新一轮经济危机时期的激励措施

2008 年，由于美国次贷危机引发的全球经济危机给世界经济发展造成重大损失。面对本次经济危机的冲击和经济形势的恶化，华为又推出新一轮的股权激励措施。华为从 2008 年开始调整配股方式，施行新的"饱和配股"制度。具体来讲，就是以级别和考核为依据，设定员工当年的虚拟股配股数量。同时根据级别，设定员工的虚拟股总量上限。这一规定也让手中持股数量巨大的华为老员工们配股受到了限制，给新员工的持股留下了空间。

饱和配股模型如图 7.1 所示。

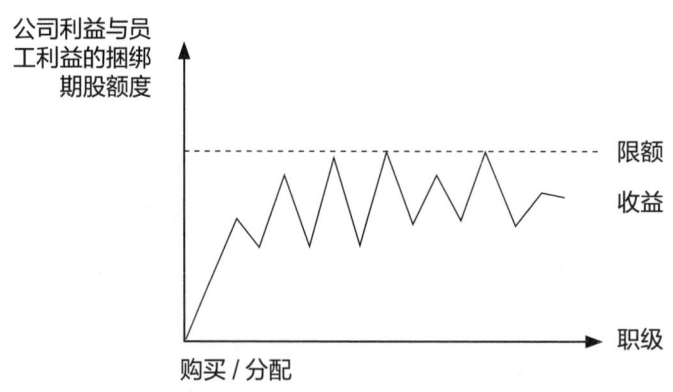

图 7.1 饱和配股模型

　　从模型中可以看出，不同职位级别匹配不同的期股量。例如，职位级别为 13 级的员工，持股上限为 2 万股，14 级为 5 万股；其中收益呈波浪线，是因购买 / 分配数量不同而形成的。此外，持股已达到其级别持股量上限的，不参与配股。大部分在华为总部的老员工，由于持股已达到其级别持股量的上限，并没有参与这次配股。

　　华为的内部股在 2006 年时约有 20 亿股。按照上述规模预计，此次的配股规模在 16 亿 ~ 17 亿股，因此是对华为内部员工持股结构的一次大规模改造。这次的配股方式与以往类似，如果员工没有足够的资金直接用现金向公司购买股票，华为会以公司名义向银行提供担保，帮助员工购买公司股份。

　　此次配股，一方面缓解了华为资金压力，另一方面提高了员工收益，同时使绩效（期股）与职位等级挂钩，进一步完善了绩效分配机制，促使员工更加努力工作。

　　员工拥有虚拟股实际数量，占可配股总量上限的比例，称为"饱和率"。这样一来，2008 年之后出现的"饱和率"，成为华为员工，尤其是新员工的心理预期。

　　华为公司的股权激励历程说明，股权激励可以将员工的人力资本与企业的未来发展紧密联系起来，形成一个良性的循环体系。员工获得股权，参与公司分红，实现公司发展和员工个人财富的增值。同时，与股权激励同步的内部融资，可以增加公司的资本比例，缓冲公司现金流紧张的局面。

　　华为虚拟股一直被内部员工视为"唐僧肉"，其 2012 年每股分红达 1.46 元，总分红和奖金额度超过 125 亿元，给华为超过 6 万名持股员工创造了丰厚收益。2010 年每股分红 2.98 元，2011 年为 1.46 元。

2013 年为 1.41 元,相当于以当前价格买入将获得 26% 的收益率。2014 年,对华为股票的定价为每股 5.42 元,员工购买数万股需要几十万元。

华为员工持股成功的原因

员工持股在 20 世纪 90 年代初期被认为是激励员工的有效手段，被相当多的中小民营企业采用。然而，几年之后，能够生存下来的企业真正实施了员工持股计划的几乎少之又少。那么，究竟是什么原因导致了如此巨大的差别呢？难道真的是"橘生淮南则为橘，生于淮北则为枳"吗？

在当时，可以说几乎所有的企业都对员工持股计划一知半解，都没有什么经验，都是按照自己的理解在设计，但华为成功了，它的成功也绝不是偶然的。

华为的股权分配在华为内部称为"虚拟受限股"，任正非的股份占1%，剩下的股份由员工持股委员会代持。员工选出的代表进入董事会，掌控企业方向。我们看到，华为采取全员持股取得巨大成就的同时，还应注意到全员持股不是万能药，它存在着巨大风险，即无法兑现。任正非没有在推行全员持股后，就高枕无忧。任正非还做了下面 5 件事来为全员持股护航。

重视精神激励。任正非通过慷慨激昂的演说、亲力亲为的行动激励着每一个员工。全员持股属于长期绩效激励目标，员工的斗志、热情很容易在漫长的工作中消磨殆尽。如此一来，全员持股就失去了激励的作用。任正非在平时的工作中，十分重视员工的精神激励，使得员工始终精神饱满地投入工作。

信守承诺。华为当初的现金压力是非常大的，而吸引人才所需支付的薪酬又很高，也正是在这样的背景下，华为推出员工持股计划。这一激励手段确实能够起到激励和留住员工的作用，但同时它也有着很高的不确定性。为打消员工的疑虑和担心，在每年的分红上，华为从来没有"爽约"过，这也让员工对公司的未来充满信心。信守承诺，是实施全员持股的基础。基础不在，对员工而言，高额的回报只是"画饼"。

不仅如此，华为还会每年请五大所之一的德勤对公司进行财务审计。公司的所有费用，包括任正非本人出差期间在酒店干洗衣服的费用，这本应由个人支付，而如果不小心由公款报销都会被审计纠正，这就解决了员工的信任问题。

而且，对于离职的员工，只要按规定办完移交手续，立即退还购股款额。对于已经离职的员工尚且如此，更何况是在职员工呢！这样，彻底打消了员工尚存的疑虑，从而将员工持股计划的激励功能发挥到极致。

华为初创期全员持股的激励措施，以满足员工物质需求和精神需求为导向，积极发挥员工的主观能动性，从而稳定和改善了公司的绩效。

在华为1994年文章《寻求平衡，比翼齐飞》中这样写道："公司下一步发展离不开资金积累。在资金来源上，有两种可能性。第一种是开放资金市场，公司股权让公司以外的人来购买；第二种就是扩大生产，增加利润，自我积累。第一种方式来钱快，但这种钱不是好拿的，而且可能干扰我们的体制。我们是以劳动为本位，而不是以资本为本位的体制。采取对劳动成果高度肯定的态度，以工资、股票等形式对劳动者给予报酬。尽管目前这种体制还是靠公司领导个人品质来维持，体制本身也处于探索中，但这种机制一定要规范化，以制度的方式存在下去。所以，华为既不能把资金全部寄托在资金开放上，也不能仅局限于自身的利润积累，而应在二者之间寻求平衡点。"

如果你持有内部股票，你还可以很容易地套现，拿走一大笔现金。

1997 年年底，开发部副经理张××得到了 8 万股（每股 1 元）配股。当年华为是在 10 月 1 日开始配股的，凡是 10 月 1 日以后去的算是新员工，必须到第二年的 10 月 1 日才能分配内部股。而比他早去 1 个月，在 9 月进入华为的员工则参与了配股。他在华为工作了 4 年，就因为晚报到了几天，就比其他同事少收入了近 30 万元。虽然这是公司的规定，但仍让不少事先不清楚的员工倍感遗憾。该员工 2002 年 1 月辞职的时候，华为的配股已经变成期权了。当时，他的配股是按照一股 2.6 元套现的。

张××当初从原来的国营单位辞职，办理调动手续的时候，遇到了各种各样的刁难。他在原单位的工资是 800 元，先被扣了当年的奖金，又被索赔 1 万元。他找了很多领导求情，送礼又花费了几千元，才办好了辞职手续。而当他从华为辞职的时候，根本不用自己去跑，公司专门有一名人员给他办理完了所有的辞职手续。当他接过那一大笔沉甸甸的现金，才突然发觉这一次辞职是一个极大的错误。"华为真的很够意思。"这名员工说，"看来有的'资本家'还是很好的嘛！"

另一位辞职的华为人说："华为对技术开发人员的确很够意思。像我 1995 年刚进公司的时候，他们就开出了 6500 元的月薪。后来，慢慢涨到了 1.2 万元。加上其他的补助，拿到手上的数字还要高一些。"这位工程师在办好一切辞职手续后，意外地发现自己还拿到了一大笔年终分红。吃惊与意外之余，他说："我几乎都有点后悔离开华为了。"

持续的高分红高配股。为减少支付现金红利造成的财务压力，华为在每年高额分红的同时向员工高额配股。这样做的好处可谓一举多得：一是坚定员工持有和购买股票的信心。试想，如果每年不能分红或分红很少，员工必然对公司的盈利前景失去信心，还有谁会购买公司股票呢？二是避免了因分红给公司带来现金压力。公司的现金总量并没有减少。正是由于对公司的前景充满信心，员工都乐于购买公司配给的股票。

如今，华为在内部发行的虚拟股约 110 亿股，每股股票价值 5 元左右。这相当于内部的一个股票交易所，多年来，华为在内部募集的资金甚至数倍于一些同业在国内 A 股募集的资金。如果持股员工想要退出，目前华为采取按照企业增值估算的模式，将原有股本和增值部分一起退给员工。这种进退自如的方式获得了员工的认可，同时也为企业发展募集了宝贵资金，而持股员工也在华为的飞速发展里获得了不菲的股权收益。

比如，从 2000～2010 年，上证指数从 2073 点涨到了 2808 点，增长了 0.35 倍。同期，假如投资上海的房子，增长 5.4 倍。如果投资华为的虚拟股，增值则达到 15 倍。

未来可观的前景。股权激励不是空谈股权，能在未来实现发展和进行分红是股权激励能否成功实施的关键。在行业内，华为公司领先的行业地位和稳定的销售收入成为其内部股权激励实施的经济保证。根据世界知名咨询公司英富曼的报告，华为在移动设备市场领域排名全球第三。华为的产品和解决方案已经应用于全球 100 多个国家，服务全球运营商前 50 强中的 36 家。2008 年，很多通信行业业绩下滑，而华为实现合同销售额 233 亿美元，同比增长 46%，其中 75% 的销售额来自国际市场。

华为 2013 年度财报显示，2013 年公司各项业务持续有效增长，实现全球销售收入 2390 亿元，同比增长 8.5%，净利润 210 亿元。2013 年华为基本实现了预期的经营目标。

华为过去的现金分红和资产增值是促使员工毫不犹豫购买华为股权的因素之一。随着华为的快速扩张，华为内部股近几年来实现了大幅升值。2002 年，华为公布的当年虚拟股执行价为每股净资产 2.62 元，2003 年为 2.74 元，到 2006 年每股净资产达到 3.94 元，2008 年该数字已经进一步提高为 4.04 元。员工的年收益率达到了 25% ~ 50%。如此高的股票分红也是员工愿意购买华为股权的重要原因。

华为独特的企业文化。虽然绝大多数员工都选择用分得的红利购买配股，仍有少部分员工选择领取现金红利。对于这部分员工，华为绝不拖欠。但到了第二年，这部分员工看到其他员工又能分得可观红利，他们一定会后悔当初的选择。结果还远非如此，华为的企业文化绝对是奖励认同公司价值观的员工，对于那些对公司抱有怀疑态度的不坚定分子是不会重用的。他们在公司的发展前景会很黯淡，这样的文化氛围进一步支持了华为的员工持股计划。

华为早期的员工持股计划成就了今天的华为，它的成功不是偶然的，是任正非的诚信和无私、是华为的企业文化等众多因素综合作用的结果。

有些主管猎来外企的高管，比如说无线的高手，可能从瑞典、韩国找来的高手工资比自己的还高。这不是这些主管思想觉悟高，而是与华为分配制度有关系。华为实行全员持股，在工资收入外还有股权的收入，只有饼做大了，股权回报才能提高。公司如果维持原来规模，股权回报是一定的，但是公司成倍增长，即使股权相对值变小，但是绝对值是增多的。

任正非表示：

华为股票之所以值钱，是因为华为员工的奋斗。如果大家都不努力工作，华为股票就会是废纸。是你们在拯救公司，确保财务投资者的利益呢！作为财务投资者应该获得合理回报，但要让"诺曼底登陆"的人和挖"巴拿马运河"的人拿更多回报，让奋斗者和劳动者有更多利益，这才是合理的。

华为确保奋斗者利益，若你奋斗不动了，想申请退休，也要确保退休者有利益。不能说过去的奋斗者就没有利益了，否则以后谁上战场呢？但是若让退休者分得多一点，奋斗者分得少一点，傻帽儿才会去奋斗呢！因为将来我也是要退休的，如果确保退休者更多利益，那我应该支持这项政策，让你们多干活，我多分钱，但你们也不是傻帽儿。因此价值观不会发生很大变化，传这种话的人都是落后分子。华为将来也会规定，拥有一定股票额的人员退休后不能再二次就业。

　　华为的中高级主管和专家基本不辞职，除了自己休息或者创业。要想挖华为一位中高级主管很难，因为其待遇很少有公司开得起。根据华为 2011 年年报，2008 ~ 2011 年，华为的股东权益回报率分别为 21%、42%、40% 和 17%。因为华为是根据净资产作价配股，所以华为员工在华为公司的虚拟股的年回报率与上述股东权益回报率应当基本一致。确实，这个回报率不可谓不高。别的公司工资可以给得高一点，但没有股权。

　　华为要求离开的人就得退股。任正非从创业开始建立的这个分享机制，也就是华为成功的最核心的要素。当然，最成功的要素走到今天，也有它的问题。问题就是华为有一部分人不干活、不进步，只要在华为待得下去就行了。这时激励就失效了，因为股权的机制只要在华为就一直有。

　　华为的员工持股机制说是长期激励，但事实上不是长期激励，这还是知识资本化的概念。长期激励是根据长期绩效来回报的，而华为的是一旦配股给员工了，只要员工在华为就可长期持有，这是华为面临的新的挑战。历史上员工持股成就了华为，团结了一大批人才，但走到今天，这些新问题是华为下一步要想办法解决的。华为总的目的就是要让每一个人都被激励起来，也就是华为说的奋斗。在华为，你不奋斗是不行的。华为一直是希望员工逐步走向富裕，而不是一夜暴富。

第 **8** 章

让奋斗者永远都有斗志

CHAPTER 8

　　我说过我们奋斗的目的，主观上是为了自己和家人的幸福，客观上是为了国家和社会。主观上就是通过我们的努力奋斗，换来他们的幸福生活；客观上我们给国家交税，让国家用这个税收去关怀爱护其他的人。

激活沉淀层：报酬不能随工龄而上升

华为真正激励奋斗是指有贡献的奋斗，不只看工作时间，还要看工作产出的绩效。任正非表示："我们说贡献，没有说时间。如果你的贡献是一定程度的，但你用时间来乘呢，积分也会很高，但有些人短期也能输出很高的积分。所以关于贡献的问题，不能看工作时间，主要看工作产出效率，这个在原则上是一致的。"

华为强调，干部要能上能下。任正非表示："我们的干部不是终身制，高级干部也要能上能下。在任期届满，干部要通过自己的述职报告，以及下一阶段的任职申请，接受组织与群众评议以及重新讨论薪酬。长江后浪推前浪，没有新陈代谢就没有生命，必要的淘汰是需要的。任期制就是一种温和的方式。"

那么，干部是怎么上来的呢？华为人力资源部门会收集干部在工作中的绩效数据；人才管理部对每个干部的能力，比如说决断力、商业洞察力、战略风险承担能力等方面都要评估；另外，华为党委会对商业违规事件进行调查。如果这个事件严重影响到干部的话，会在岗位上把他拿下来。

人力资源部每月都会把这些数据提供给行政决策团队。每一个决策部门都有点像政治局常委，每月针对干部的选拔任用和价值评价、价值分配召开例会，看哪些岗位空缺，什么样的干部可以放到这样的位置上，以及与其能力、绩效对应的匹配情况。在这个会上，由大家做决策。如果通过，就会作任命公示，面向17万员工在网上公开。在15天之内，如果没人投诉，基本上就过关了；如果有人投诉，党委会会针对性去调查。在海外分公司则是由道德遵从委员会去调查是否属实。

华为的干部能上能下，有几个方面的因素：

第一，华为的人群其实是高级知识分子人群。也就是说他做不了干部，可以做员工，甚至可以辞职出去，发展是有保障的。如果一个人把他逼得无路可走，是很危险的一件事情，这是华为的人才密度带来的优势。

第二，干部分配上是有保障的。比如，作为公司的一个中高级干部，要是他不当干部了，他的股票分红不会受到影响。下来之后，他的利益不会有很大损失，只是把岗位腾出来给别人。

第三，除了管理线之外，还有技术线，就是专业线。假如做不了20级的管理者，可以应聘专业领域20级的技术人员，相应都有保障措施。

第四，推行需要大家慢慢形成共识。华为1997年才开始做，到现在大家对能上能下都能接受了。

可以选择低层级的部门做一个试点，慢慢试探一下。如果大家可以接受，再慢慢扩大。变革本质上来讲就是一个改变利益格局的过程。在这个过程中，这 4 个方面是值得思考的。

有的人说华为做的事情很好，但拿回去之后发现很难操作，为什么？要看这背后有些因素你是否具备。[①]

市场部集体大辞职

1996 年是华为市场大决战的一年。为了公司发展的需要，市场部干部集体递交辞职和述职报告，接受公司的评审，重新竞聘上岗。1996 年市场部集体大辞职，其实是其从农村市场走向城市市场的一个标志。当时的办事处主任也面临转型，也就是从重关系型转变为综合素质型。这开创了华为干部能上能下的先河。在这次活动中，任正非提出了"烧不死的鸟是凤凰"，也就是干部能上能下，同时也有很多干部几上几下。

任正非表示：

> 华为公司坚决要把"夹心阶层"消灭掉，这是我从苹果公司惨痛的教训中总结出来的。"夹心阶层"指的是那些既没有实践经验，又不理解华为企业文化，还要把他们安置在较高职位上的人员。"夹心阶层"的存在，必然会形成不良文化，这种文化最后将导致公司失败。对他们，要压到基层去锻炼，成为自然领袖从而确立他们在华为的地位。

---

①王玲. 华为干部如何做到"能上能下"［J］.决策参考,2013.

2003 年干部自愿降薪

2003 年新年伊始，以任正非、孙亚芳、洪天峰等高层领导为首，公司总监级以上干部自愿降薪 10% 的 454 份申请书递到了人力资源部。历史似乎回到了 1996 年那场市场部集体大辞职。2003 年，面对电信业有史以来最严酷的冬天，所有的电信设备供应商都在进行痛苦的调整以求活下去。华为并没有像同行那样大规模地进行裁员，仅仅是制度性地淘汰了一些不胜任的员工。这次自愿降薪也仅限于总监级以上行政干部，业务专家和骨干都不在此列（总监级以上干部自愿申请降薪共 454 人，其中批准人数为 362 人，92 人未被批准）。

新陈代谢是自然的规律，华为的事业要不断发展，对干部的要求必然是能上能下。历史上所有的变革，其阻力主要来自当事人本身。

"烧不死的鸟就是凤凰"，有些火烧得短一些，有些火要烧得长一些；有些是"文火"，有些是"旺火"。它是华为人面对困难和挫折的价值观，也是华为挑选干部的价值标准。

毛生江，1995 年已经是华为市场部总裁，公司要求市场部全体辞职，重新排队。毛生江从一个公司级的领导被撤下来担任终端事业部的总经理，后又担任山东办事处的主任，业绩良好。1999 年，任正非又重新任命毛生江为公司副总裁，并号召全公司员工向他学习。华为的许多人私下称毛生江为"毛凤凰"或者"毛人凤"。

8 年的时光，数易其岗，究竟是一种怎样的心态伴随着他走到了今天？我们透过那条起伏的职业轨迹的波浪线又看到了什么？

如果为毛生江在华为的职业生涯画一条运行轨迹，我们可惊叹地发现其是呈"波浪形"的：

◆ 1992 年参加开发部 08A 型机项目组，12 月任项目组经理。

◆ 1993 年 5 月任开发部副经理、副总工程师。

◆ 1993 年 11 月任生产总部总经理。

◆ 1995 年 11 月调任市场部代总裁。

◆ 1996 年 5 月，任终端事业部总经理。

◆ 1997 年 1 月任"华为通信"副总裁。

◆ 1998 年 7 月调任山东代表处代表、山东华为总经理。

◆ 2000 年 1 月 18 日，任命为公司执行副总裁。

7000 人集体辞职事件

2007 年 11 月初，新《劳动合同法》实施的前夕，华为出台了一条关于劳动合同的新规定：华为公司包括"一把手"任正非在内的所有工作满 8 年的华为员工，在 2008 年元旦之前，都要先后主动办理辞职手续（即先"主动辞职"后"竞争上岗"），再与公司签订 1 ~ 3 年的劳动合同。所有自愿离职的员工将获得华为相应的补偿，补偿方案为"N+1"模式（N 为员工在华为连续工作的年限）。如果某个华为员工的月工资 5000 元，一年奖金是 60000 元，假如他在华为工作了 8 年，那么，他得到的最终赔偿数额就是 10000 元（工资 + 年奖金平摊）乘以

"8+1"，计 90000 元。在达成自愿辞职共识之后，再竞争上岗，与公司签订新的劳动合同，工作岗位基本不变，薪酬略有上升。

此次自愿辞职的老员工大致分为两类：自愿归隐的"功臣"和长期在普通岗位的老员工，工作年限均在 8 年以上。其中一些老员工已成为"公司的贵族"，坐拥丰厚的期权收益和收入，因而"缺少进取心"。

华为对员工从基本技能培训到领导力、执行力的培养都有独到之处。一个经验丰富的员工显然比刚走出校门的毕业生工作能力强得多，所以重视招聘的华为更重视维系在职员工的忠诚度。但是，像虚拟股份、以工号记资历等措施，也造成部分老员工滋生惰性丧失创新激情。适逢新《劳动合同法》推出，华为遂顺势而为，用人事震荡来刺激一下老员工，旨在打破"小富即安"的思想，唤醒员工的"狼性"，提升企业的竞争力，为公司注入新的活力。

同时，这也跟通信行业大环境有关。电信行业竞争越来越激烈，特别是大的电信运营商出现大的合并浪潮，由此造成上游电信设备商日子越来越不好过。诺基亚、西门子、阿尔卡特和朗讯都在做并购，并购之后的日子也不好过，并购后厂商利润也在下滑。没有参加并购如爱立信这样的公司日子也不好过，也是出现利润大幅度下滑。

回过头来再看华为。华为现在同样面临这样一个问题。华为财报的数据显示，华为 2006 年合同销售额达到 110 亿美元，销售收入达到 85 亿美元，净利润 5 亿多美元。其收入是在快速增长，但其利润率却在大幅度下降：从 2003 年开始华为的毛利率是 53%，2004 年下降到 50%，2005 年下降到 41%，2006 年只有 36%，下降得非常厉害。在这样一种情况下，华为面临着怎样进行调整的问题。除了开源，在国际市场开拓力度，另外就是要节流。华为从 2006 年开始进行定岗定薪，很多员工重新开始在公司内部调整职位。这种调整在华为实际已经进行了一到两年时间，只不过 2007 年颁布的《劳动合同法》进一步促进了华为对公司内部结构的调整。

此次人事变革并非"强制性"的，而是允许员工进行二次自愿选择。华为称，不排除有些员工是出于"从大流"的心理而做出"辞职"决定，因此提出这部分员工可以再次做出自愿选择的建议：他们可以退出 N+1 补偿，同时领回原来的工卡，使用原来的工号。事实上，到最后，没有任何员工提出要退回 N+1 经济补偿，领回原来的工卡，使用原来的工号。

根据华为的通告显示，这次大辞职事件总共涉及 6687 名高、中级干部和员工。最后的结果是，6581 名员工已完成重新签约上岗，共有 38 名员工自愿选择了退休或病休，52 名员工因个人原因自愿离开公司寻求其他发展空间，16 名员工因绩效及岗位胜任等原因离开公司。

这份通告将此次事件总结定性为"7000 人人事变革事件"，并称这将与"1996 年市场部集体大辞职""2003 年 IT 冬天时部分干部自愿降薪"一样，永载华为史册。

辞职后又重新上岗的员工没有提出过多反对意见。另外，他们拿的补偿金比较高。即使离开了华为，有在华为的工作资历，在深圳找份新工作并不难。

这种激进的做法引起当时舆论哗然，中国官方甚至介入调查华为此举是否有违法之嫌。但出乎意料的是，华为员工竟然没有出现激烈的抗争行动，辞职再回任的比率甚至高达九成九。

这是因为不回任者必须在离开前将股份卖回给公司，而重聘者可能被降阶降薪，但持有股数不会因此稍减。只要公司继续成长获利，他依然可靠持股享受分红好处。

这个做法，让华为一方面保全了资深者作为股东的利益，一方面又促进新陈代谢，让一批更年轻、更有能力的人上来，担当与其绩效相符的职位。

任正非说：

华为不可能有永恒的高速度，每个人的素质、个人学习努力的程度、自我改造的能力差异都很大，怎么可能步调一致地推动公司前进。至少，我看不清华为长远未来的前景。所以，我们不能懈怠，干部能上能下一定要成为永恒的制度，成为公司的优良传统。

公司是一定要铲除沉淀层，铲除落后层，铲除不负责任的人，一定要整饬吏治。对于一个不负责任而且在岗位上的人，一定要把他的正职撤掉，等到有新的正职来时，副职也不能让他干。对于长期在岗位上不负责的人，可以立即辞退。若不辞退，这个队伍还有什么希望呢？若不能认识到这个问题，就不会有希望。没有一个很好的干部队伍，一个企业肯定会死亡。

不能坐下来讨论干部队伍建设问题，应在战争中调整，不合适的就要下去，包括对所有的高级干部，我们都不会姑息养奸，大树底下并不好乘凉。整改干部队伍的目的，是要公司活下去。要想活下去，只有让那些阻碍公司发展的人下去，或者说把那些不利于我们发展的作风彻底消灭，公司才能得以生存。这也是我们整改的宗旨。

　　江山代有才人出，要一代代去巩固。不能说每一个干部都能够在岗位上持续发展，老一代退下去是很正常的。所以，我们建立了一个机制，就是说你跟不上了，身体不行了，职位调整下去了，你的股票不会动。

　　如果我们不能形成一种有利于优秀人才成长的机制，高速前进的列车不能有上、有下，那么列车的运行就不能脱离开生命的束缚，我们必将走在盛极必衰的路上。所以要加强新干部的提拔，特别是艰苦地区。如果新干部不提拔，我们的商业模式就继续不下去了。

艰苦地区个人职级上浮

华为针对艰苦地区陆续推出了一些差异化的管理政策，包括改善工作和生活条件、调整艰苦补助标准、加强循环赋能和学习机会、差异化考核等，进一步落实"以奋斗者为本、持续艰苦奋斗"的管理导向，真正让艰苦地区的优秀员工"来得了、留得住、干得好"。

华为在艰苦地区的岗位个人职级是有上浮的。任正非在一次会议中这样说道：

> 这次发生灾难的国家，有几个员工是一次涨了两级，他的饱和配股就是按涨两级来配了，他实际上就涨了很多了。这件事我们以为会有负面效应，会有压力，在心声社区测试一下，结果绝大多数都赞成，说明华为公司在文化上已经开始前进了。前些年员工在天涯上骂，骂"老子不少干活凭什么不多拿钱"啦，但现在大家都不怎么骂了。天涯网释放了你的能量，你又回来好好干活了。
>
> 我觉得这就正确了，你不干活为什么多拿钱？所以说，现在文化正发生一些变化，在进一步积极改变，有利于促进公

司的改革。所以今天的沟通，就是怕用僵化教条的条款把优秀的奋斗者伤害了。希望各级主管部门要敢于为这些奋斗的员工申冤。

有些同事确实是因为在艰苦地区或者在项目压力比较大的情况下造成了身体疾病需要休假，而且大家都能看到他们绩效很优秀。任正非对此表示：

　　我们授权人力资源委员会给他批准，限定两个月的休整时间。如果这个人确实太优秀了，还要休长一点假，批准他出差但不给他报销差旅费。例如，去红海边上出个差，回来后如果还是觉得身体不好，就再让他自己掏钱去马尔代夫出差。我们可以变相处理，不要老是与公司的政策冲突。
　　各个基层部门只要你们集体评议了，这些优秀员工要进行保护，因为这些人是我们的宝贵财富，但是不能对这个人出一个特殊政策去普遍适应所有人，到时候我们就又没有办法制约了。各级部门要敢于为这些人伸张。这些人曾经有很大贡献，因为工作原因身体累垮了，这类人不在此列。

有人认为，任正非提到的通过批准由于工作过度劳累而身体不好的奋斗者用出差的方式休养，太灵活了。任正非表示：

　　这些话我从来没和任何一个人讲过，只对胡厚崑一个人悄悄授了权，今天是让你们逼出来的。在公司确定以奋斗者为本的时候，就要想到有人会累垮。我担心我们以奋斗者为本的文化，没有一个出口，员工会累坏的。因为他不想放弃利益，于是拼呀拼呀，然后有一天弹簧被压得过头了，就弹不回来了，我觉得这会是个问题。这些在重大工作、重大项目，付出了超劳动的人，如果有正确的考勤，他们会有足够的假来换休的。

希望大家能理解，那些为了公司奋斗，伤害了身体健康的人要得到更多的关怀与帮助，任何人都会有那一天的。没有一个人是钢铁巨人，能永远长存。我们不能对过去的英雄关怀，我们就不能有英雄辈出。但对英雄的关怀，不等于我当了英雄，我就可以惰怠了。

我们认为这个人身体不好了，是因为奋斗形成的，而不是生理疾病形成的，那么部门要有一个合理的处理措施。不行了，自己多休假，不就是新股票不拿了吗，把钱看得那么重干啥？

如果说是奋斗的人，我们要保护。这个我们只给人力资源委员会授权，但人力资源委员会的眼睛可能看不清楚那么多，现在大家来看这个问题。有人确实是这样子了，我们要多多保护。不要有些人得了多次疟疾了，我们都不关心。

任正非表示，上述的出差休整，针对的只是高层管理者。他这样说道：

我不是强调一线员工，一线员工我们管理者要合理地分配工作量。我是强调我们的骨干员工，强调的是高层管理者，那么多年奋斗积累了很多疾病这个问题。一线员工要适可而止，没有叫你成天踩地雷，你见着地雷为什么不绕着走，为什么要踏着地雷往前走呢？

我觉得这还是我们管理者的管理水平问题，为什么要逼着员工踩着地雷走啊？我没有讲一线，大家要搞清楚啊，我讲的还是骨干员工啊！因为只有骨干员工长期冲锋，时间太长，弹簧压缩的时间太长，恢复不了弹力了，这个要授权人力资源委员会。一线员工刚刚开始冲锋，怎么可能就积劳成疾呢？我是发自内心讲的，我们在逼着全体人奋斗的时候，我们要保护一部分奋斗者，让他们不至于被伤害。

为了让员工获得更充分的保障，华为公司除参与法定社会保险项目以外，还为员工购买了商业保险，包括商业人身意外险、商业寿险、商业重大疾病险、商务旅行险等，让员工得到法定社会保险保障及企业法定义务之外的商业保险的细致保障。

2012 年 12 月 4 日晚，华为公司安哥拉代表处 28 岁的员工王琮感觉身体不适，代表处立即将其送往当地治疗疟疾最好的专科医院接受治疗。被确诊为"脑疟"的王琮肝肾同时衰竭，医院下达了病危通知书。

此时，华为公司员工保障应急小组联系当地多家医院后发现，安哥拉的医疗条件相对落后，而能够满足治疗的医院远在南非约翰内斯堡。当地距离约翰内斯堡 2500 多公里，飞行航程 3 小时，救援专机一次费用就高达 15 万元。"不惜一切代价，员工的生命第一！"员工保障应急小组果断决定。7 日凌晨，救援专机护送王琮抵达约翰内斯堡的医院，公司员工轮流看护，医生采取最佳方案给予治疗。治疗期间，先后有 20 余名华为及其他中资机构员工义务为其献血，总献血量超过 1 万毫升。

几乎同时，华为公司第一时间协调家属办理签证和机票前往南非。最终王琮病情基本稳定已恢复意识，身体各项生理指征正常。王琮的家属表示：正是华为强大的爱心阵容形成了巨大合力，使徘徊在死亡线上的王琮转危为安。

王琮能得到专机救援争取最佳抢救时间，得益于华为公司为员工购买的商业保险中包括美亚保险公司的商务旅行险，该险种涵盖了病情危急关头或其他紧急情况下的专机救援服务。

华为在不断完善制度、保障员工健康与安全的同时，还多方面提高海外员工的福利待遇，为其营造良好的工作生活环境。为保障员工安全，华为一般都会租用当地"富人区"的房子供员工住宿。为了丰富海外员工的业余生活，公司每年都拨出专款购买电视机、乒乓球台、健身器材、书籍、影碟等配备给海外员工。对于已婚员工，公司还会为其家属提供一年 3 次的往返探亲机票。

华为建立了全球行政管理体系，在海外代表处设立食堂、图书馆等。部分偏远地区水质不好、饮水困难，国内机构的驻外代表处就采取购买纯净水的方式解决。10 多年来，只要遇到紧急情况，公司上下都会协同一致，迅速采取一切力所能及的措施保障员工生命和财产安全。

探索中国世界级高技术企业之路

何谓企业愿景？是指企业的长期愿望及未来组织发展的蓝图，体现组织永恒的追求。比如，苹果公司的愿景：让每人拥有一台计算机；万科愿景：成为中国房地产行业持续领跑者；沃尔玛曾一跃成为全球 500 强第一，就在于其愿景的朴实与伟大：使普通百姓能买到与富人一样的东西！

一个员工在相应薪酬相应环境和条件下，做事做到了头，重复性的工作坚持做了这么久，可能早就没有动力了，加薪可能在一段时间内达到一定效果，过了这段时间是否会形成一种惯性或惰性，员工只要状态一不好，企业就要给他加薪，显然不是长久之计。如果物质奖励只在大幅提高的情况下才产生激励效果，那么反复采用的物质奖励就会适得其反，金钱过分奖励会导致恶性循环，考核绩效也会在达到了平均水平后就难有大的提升。因为只要是人，都有心理与生理疲倦期。生理疲倦比较好办，有周假年假节日假，休息休息就恢复了，但心理疲倦就不那么简单了。由此，很多企业运用了愿景激励。

一个企业要做好，就要给员工奋斗目标，要给他意义，就是人生存在的意义，为这家企业付出最好的青春，付出最好的时光是值得的，他在这家企业没有白活。

华为的意义是什么呢?《华为公司基本法》提出,要探索中国世界级高技术企业之路。

关键词之一:中国的。从鸦片战争以后,中国近代以来还没有成长出一个真正的高技术性企业。

关键词之二:世界级的。关起门没有意义,当国门打开的时候你是否还能存在,是不是还能领先。

关键词之三:高技术。不是传统领域,不是依赖物质资源、垄断、国家政策的企业,是凭借智力、高技术、竞争力的。

《华为公司基本法》的商业意义在于以客户为中心。中国要取得在世界上应有的地位,应该是每一个华为人奋斗的真正的意义。启发生活中最具价值和意义的东西,要明白我们对生活的期望不重要,生活对我们的期望才是最重要的。

任正非曾这样说过:

中国通信产业正飞速向前发展,并形成自己的民族通信工业。未来3年将是中国通信工业竞争最为激烈的时期,持续10年的中国通信大发展催生了中国的通信制造业,并迅速成长。

由于全世界厂家都寄希望于这块当前世界最大、发展最快的市场,从而拼死争夺,造成了中外产品撞车、市场严重过剩，形成巨大危机。大家拼命削价，投入恶性竞争。外国厂家有着巨大的经济实力，已占领了大部分中国市场。中国厂家仍然维持现在的分散经营，将会困难重重，是形势迫使必须进行大公司战略。

泱泱 10 多亿人口的大国必须有自己的通信制造产业。对此，华为作为民族通信工业的一员，已在拼尽全力向前发展，争取进入国家大公司战略系列。

任正非在说出上面这番话的时候，是在 1995 年。1995 年，华为的员工才有区区 800 多人，当年销售额仅仅 15 亿元。这年，华为成立了北京研发中心，开始进入数据通信领域。华为大规模与内地厂家合作，走共同发展的道路，也开始从农村市场向城市市场转型。此时，成立仅 8 年的华为，面临着一个险恶的市场环境。鉴于内忧外患，任正非主张本土企业联合起来，国家也应该支持民族通信企业的发展，让本土企业迅速壮大，提高竞争力，最终到海外拼搏。

正是华为的追求以及它在中国的成长发展中所做的贡献，赋予每个华为人存在的意义，这点是真正促使华为的奋斗者奔向海外，在非洲、在中东等艰苦的、被长期制裁的地方坚持奋斗。

日本在海啸的时候大家都在跑，但是，华为电信的维护人员却对着人流往前冲。大家知道海啸发生最需要的是通信设备，这是企业持有的客户立场。还有，利比亚内战时，华为一组人去班加西支持反对派，一组人去首都支持政府。战争需要通信，这些行为都体现华为员工对客户的忠诚。

管理大师彼得·圣吉在其著作《第五项修炼》中这样阐述了愿景在

组织中的作用:

"共同愿景会唤起人们的希望,特别是内生的共同愿景。工作变成是在追求一项蕴含在组织的产品或服务之中的、比工作本身更高的目的。这种更高的目的深植于组织的文化或行事作风之中,它使组织跳出庸俗、产生火花。

"企业中的共同愿景会改变成员与组织间的关系。它不再是'他们的公司',而是'我们的公司'。共同愿景是使互不信任的人一起工作的第一步,它产生一体感。事实上,组织成员所共有的目的、愿景与价值观,是构成共识的基础。心理学家马斯洛晚年从事杰出团体的研究,发现它们最显著的特征是具有共同愿景与目的。马斯洛观察到,在特别出色的团体里,任务与本身已无法分开。或者应该说,当个人强烈认同这个任务时,定义这个人真正的自我,必须将他的任务包含在内。共同愿景自然而然地激发出勇气,这勇气会大到令自己都吃惊的程度。在追求愿景的过程中,人们自然而然会产生勇气,去做任何为实现愿景所必须做的事。"

让家人过上体面生活

员工奋斗的动力是为了自己和家人过上体面的生活。华为通过什么来号召员工奋斗呢？不是什么主义，也不是为了什么梦，是为了让员工自己和他的家人过上体面的生活。

在温哥华冬奥会女子 1500 米短道速滑决赛中，中国选手周洋摘取桂冠。夺冠后的周洋接受采访时道出了自己的心声："拿了金牌后可能会改变很多，首先会让自己更有信心，另外也可以让父母生活得更好一点。"这句话，不做作，不虚伪，实实在在，真实感人。

任正非曾这样说过：

我说过我们奋斗的目的，主观上是为了自己和家人的幸福，客观上是为了国家和社会。主观上就是通过我们的努力奋斗，换来他们的幸福生活；客观上我们给国家交税，让国家用这个税收去关怀爱护其他的人。

我们的员工艰苦奋斗，而员工的太太们到世界顶级的风景度假区马赛马拉去旅游，到迪拜去购物，这就是我们的奋斗文化，这个对立统一的文化就是奋斗的本质。

我们不管在艰苦地区国家奋斗的，还是在我们各种岗位上奋斗的，"艰苦"两个字跟物质生活没关系，跟客观环境没关系，是跟自己的思想有关系。有的人很高尚，奋斗就是为了国家和民族，我们是理解的；危难时不顾家人去救助这个社会，我们认为是非常伟大的，但毕竟这世界伟大的人是数量很少的。我们要先从爱家人、爱同事、爱工作做起。

所以，作为平凡的人，我们应在不同的时间、不同的时刻多关怀家人。现在的时代已经跟过去的时代不一样了。过去的时代主要是物质条件很差，通信也很不顺畅。现在通信有了很大的改善，平时不能常回家，多打打电话也是关怀。我希望我们员工在这些方面要想得开些。

这次在阿富汗，我跟阿富汗的办事处副主任及其太太谈话。他太太老埋怨他不带她到南非去玩。我就跟他太太算算账，问他老公到底有多少钱。然后我跟办事处副主任说，如果你太太再不到南非、迪拜购物的话，就是你把钱看得太重了。结果他着急，口误，说那就先远后近吧！我就抓住这句话，对他太太说，这下南非可以去了吧！结果，他太太马上站到他先生的那一面去了，不站到我这一面了，说先去近的。这就是好的家庭。

华为人的工资看上去很高。实际上，这收入背后不仅是他一个人的奉献，更是全家人的付出。晚饭时，孩子说："妈妈，我怎么感觉我不是爸爸的亲儿子，我好像是爸爸的干儿子。爸爸不是加班就是出差，不是出差就是加班，不是加班就是打电话，就是不陪我。"——这是一位

6 岁小朋友对在华为工作的爸爸的抱怨。

有个华为员工的小孩，赶上爸爸某天不加班，便会喜滋滋拉着他在小区里遛弯，像是在"遛爸爸"。用孩子他妈的话说"是要给小伙伴看看，我也有爸爸的"。孩子们的这些抱怨和举动，既天真又让人心酸。谁不想下班时间能够多陪伴家人孩子？关键是，华为的大部分员工，早上 7 点出门到晚上 10 点钟进家，遇上赶项目的时候，还得在办公室打地铺熬通宵。下班后回到家，孩子已经打起了呼噜；第二天一早出门，孩子或许还没起床。

有人又要说了，谁让你们拿那么高工资？这份所谓的"高工资"里，包含了华为人舍弃了陪伴家人、陪伴孩子成长的时间。因为他们工作的忙碌，家中的另一半，华为家属们，不得不放弃自己原先的工作，回归家庭，照顾子女。因为孩子的饮食起居，教育辅导，哪一样都离不开家长的陪伴与监督。

华为家属有几个共同点，其中之一就是"强大"。这强大既是心理上的，也是行为处事模式上的。家里很多事，比如买房装修、子女教育、陪伴、家庭琐事处理、人情往来等都得靠家属自己去处理。同时，这在客观上造成华为家属群体对华为的依赖度高，会更关注有关华为的新闻。华为的每一次露脸，家属们也会跟着傲娇一下。

第 **9** 章

赋予奋斗者"动物精神"

CHAPTER 9

经济学家约翰·梅纳德·凯恩斯用"动物精神"来突出个人（企业家）信心对经济的重要作用：如果要使国家恢复市场经济秩序，带动经济走向繁荣，投资家和企业家必须在预期并不明朗时，依靠他们的勇气或冒险精神，把他们的钱再度投入到市场之中。

"动物精神"于企业和企业家来说，几乎是天然的要素。经济环境动荡不定，反复无常，企业家如果没有强烈的冒险精神，企业团队如果不具备强大的进攻力和必胜的激情，那对企业来说，无疑是死路一条。

任正非是提倡动物精神的。媒体只是片面地肯定或否定华为的"狼性文化"，岂不知，任正非对"狼性文化"之外的其他一些动物精神也有激赏，比如关于蜘蛛："世界上我最佩服的勇士是蜘蛛，不管狂风暴雨，不畏任何艰难困苦，不管网破碎多少次，它仍孜孜不倦地用它纤细的丝织补。"企业家一生的使命不就如此吗？

蚂蚁精神：未雨绸缪

一般而言，企业在早期，并不匮乏"动物精神"，绝大多数企业的诞生大都来自于创始人内在的本能冲动和冒险热情。而相当多的企业早夭的原因，是由于过剩的动物能量所导致：一味地被赚钱、快速发展的本能所驱使，以至于漠视或破坏秩序与规则，结果"动物法则"被"社会法则"所打败。但是，企业在做到一定规模，并拥有较长的历史后，又往往受困于秩序的暮气和"社会法则"的僵化，被一套所谓的烦琐的"文明"——官僚主义、文牍主义、形式主义所束缚，"动物精神"受到压抑，乃至于渐渐步入衰灭阶段。到这个阶段，企业的灵魂也就没了，离死期也就不远了。

关于蚂蚁与大象，任正非有过这样的表述：

我们的竞争伙伴都是年销售值几百亿美元的厂商。我们整个市场加起来，还不到 10 亿美元。因此，和国际大公司相比，我们还非常非常小。我认为 3 年之后，华为公司的销售额会在 20 亿 ~ 30 亿美元，我们还是一只很小的蚂蚁，很容易被爱立信、AT&T 这些大象踩死。所以说，我们一点也不敢睡觉，要随时注意大象什么时候走过来，不要让大象踩死。

我们是老鼠，我们爬到大象的耳朵里去，我们在一些特殊的软件里，加上香槟，加上茅台，加上俄罗斯的伏特加，这样我们就可以在大象的耳朵里挖出一块市场来……

这段关于"企业生存机制"的论述讲于 1997 年。

任正非曾这样说过：

随着世界发展，主要是外资进入，中国才发现自己国家的工人体制赶不上世界。国家认为电子工程不可能成功，但我们就成功了。我们跟外国老大哥学习，做万能交换机的时候，所有的人都没见过。我去吉林求他们看看是什么样子，只能这样求别人。我们正在向西方学习各种管理的东西，正在改变自己。那么，我们有没有成功呢？还看我们自己。所以，我们真正碰到的最大的敌人，不是别人，就是我们自己。

对企业成长的历史稍有研究的人都知道，世界上没有任何一家企业的生命能超过 1000 年，甚至没有一家企业能活过 500 年，就算超过 300 年历史的企业，如今也很难找到。

死亡是任何一个企业所必须面临的，谁也逃不掉。只不过有的死得早一点，有的死得晚一点而已。生存是残酷的，有时候不带半点仁慈。

华为所处的高新科技的通信行业，其技术更新速度之快、竞争之激烈是其他行业无法比拟的。面对跨国巨头的技术垄断，民营企业发展举步维艰。华为目前虽然没有生存之虞，但危机意识不可缺少。

处于竞争如此激烈的市场中，一个永恒的话题萦绕在任正非的心头：企业要一直活下去，不要死掉。只有生存才是最本质最重要的目标，才是永恒不变的自然法则。

我们首先得生存下去，生存下去的必要条件是是否拥有市场。没有市场就没有规模，没有规模就没有低成本。没有低成本、没有高质量，就难以参与竞争，必然衰落。

越困难时就是我们越有希望、越有光明的时候。因为我们自己内部的管理比较好，各种规章制度的建立也比较好。发生市场波动时，我们是最有可能存活下来的公司。只要我们最有可能存活下来，别人就最有可能从这上面消亡。

2007 年 9 月，任正非再次警示华为人：

活下去，仍然是我们唯一的目标。有些人认为，华为已经那么大规模了，在很多领域都有了相当的实力，活下去不再是一个问题；还有些人认为，可以暂时歇口气，甚至认为不需要艰苦奋斗了。事实上，过去两年中，通信业发生了企业之间的兼并，国内一些明星企业由于不适应"气候"的变化而苦苦挣扎或一夜之间轰然倒下……这些例子警示我们——活下去，仍然是华为唯一的追求，我们不能有片刻的放松。

任正非将企业生存放在了公司目标的第一位，并将其传递到每一位华为人那里，成为全体华为人每天必须面对和思考的命题。任正非强调，对华为公司来讲，长期要研究的是如何活下去，寻找活下去的理由和活下去的价值。活下去的基础是不断提高核心竞争力，而提高企业核心竞争力的必然结果是利润的获得，以及企业的发展壮大。这是一个闭合循环。

"胜利的曙光是什么？胜利的曙光就是活下来，哪怕瘦一点，只要不得肝硬化，不得癌症，只要我们能活下来，我们就是胜利者。冬天的寒冷，也是社会净化的过程，大家想要躲过这场社会的净化，是不可能的！因为资源只有经过重新的配置，才可能解决市场过剩的冲突问题。"

任正非之所以将华为活下去看得如此重要，与其自身人生经历有着很大的关系。任正非1944年出生，从小就经历了战争与贫困的折磨。任氏兄妹7个，加上父母共9人，生活全靠父母微薄的工资维持。虽然任正非的父亲身为某所专科学校的校长，但在那个特殊的年代，任家的经济一直十分拮据。当时，他家里每餐实行严格分饭制，以保证人人都能活下去。他家当时是两三人合用一床被子，破旧被单下面铺的是稻草。他高中3年的理想只是吃一个白面馒头！可以想象，任正非青少年时代是在何种贫困、饥饿中度过的。生活的艰苦以及心灵承受的磨难，成就了少年任正非隐忍与坚定的性格。他感慨："我真正能理解活下去这句话的含义！"

挫折、困苦成就了任正非对生存权利的无限渴望，为了生存曾经付出的艰辛努力，在任正非的性格基因上深深烙上了悲观情结。"我没有远大的理想，思考的是这两三年要干什么，如何干，才能活下去。"

任正非反复强调"活下去，永远是硬道理"。华为追求的不是显赫一时的名声，而是长久的生存发展。

活下来是多么不容易，我们对著名跨国公司的能量与水平还没有真正地认识。现在国家还有海关保护，一旦实现贸易自由化、投资自由化，中国还会剩下几个产业？为了能生存下来，我们的研究与实验人员没日没夜地拼命干，拼命地追赶世界潮流。

我们的生产队伍，努力进行国际接轨，不惜调换一些功臣，也绝不迟疑地坚持进步；机关服务队伍，一听枪声，一见火光，就全力以赴支援前方，并不需要长官指令。为了点滴的进步，大家熬干了心血，为了积累一点生产的流动资金，至今98.5% 的员工还住在农民房里，我们许多博士、硕士，甚至公司的高层领导还居无定所。

一切是为了活下去，一切是为了国家与民族的振兴。世界留给我们的财富就是努力，不努力将一无所有。

任正非曾对华为的员工说："我同你们在座的人一样，一旦华为破产，我们都一无所有。所有的增值都必须在持续生存中才能产生。"

盲目地显示自己，忽略生存之本，在激烈的市场竞争中也是立不住脚跟的。曾经红极一时的万国证券就是一个鲜活的例子。

万国证券曾经是中国最大的证券公司，创办人管金生拥有法国文学、商业、法律 3 个硕士学位和金融学博士学位。在鼎盛时期，管金生是多家世界大银行和证券公司 CEO（首席执行官）们的座上宾。

但是，好景不长，在 1995 年 2 月的 "3·27" 国债期货交易中，万国证券一次性亏损 20 亿元。短短的 8 分钟，曾经辉煌的证券帝国就瓦解了。此后，在地方财政的鼎力挽救之下，万国证券被并入上海另外一家地方性券商申银之中，这就是今天的申银万国证券公司。

任正非曾经对万国证券有过这样的评价："万国证券公司，是非常艰苦奋斗的。他们艰苦奋斗的那段历史、那种经历应该是令世人都震惊的。他们不是由一个坏公司垮掉的，而是由一个好公司垮掉的。他们是很有业绩、很有成绩的，做得有声有色。但是，由于内外种种压力，他们的总裁违反证券市场的操作法规，突然孤注一掷，抛空国债。

"本来，判他不违法，他可以赢利 40 个亿；判他违法，他就亏损 20 个亿。大家想一想，不要说他们亏损 20 个亿，就是华为亏损 20 个亿，我看日子也是很不好过的。他们很难过关，就垮掉了。那么，华为公司会不会垮掉呢？比如说我会不会也去孤注一掷呢？完全有可能的。"

万国证券的悲剧可以说给任正非打了一针"清醒剂"。1997 年 3 月，任正非给正在起草"基本法"的专家组成员送去了《头号证券大王是怎么垮台的》一文，同时进一步确定了《华为公司基本法》的中心思想：

我们必须要有一个"基本法"来确立华为公司的层层管理体系，确立层层动力和制约体系。这样，公司的发展才能有序有规则。然而，这个有序有规则不是一天两天就可以实现的，将是非常漫长、很艰难的。但实现了这种有序的动力与制约机制，我们就不会犯万国证券的错误。不管总裁有多大的个人威望，不对的事，就会有牵制。

中国证券市场的极不规范，以及一幕幕悲剧，显然极大地刺激了任正非。他曾经一度坚定地远离证券市场，甚至发誓华为永不进入股市。

在任正非看来，华为之所以能活下来，并发展到现在这样的规模，是因为它有一种以客户为主导、以市场为先导的危机意识。这就是企业和个人的区别：

> 作为一个自然人，受自然规律制约，有其自然生命终结的时间；作为一个法人，虽然不受自然规律的约束，但同样受到社会逻辑的约束。一个人再没本事也可以活 60 岁，但企业如果没能力，可能连 6 天也活不下去。如果一个企业的发展能够顺应自然法则和社会法则，其生命可以达到 600 岁，甚至更长时间。

那么，华为今后将如何得以生存呢？任正非认为：

> 我们是世界上活得较好的公司之一。我们活得好是我们有本事吗？我认为不是，而是我们的每一个发展阶段、每一项策略都刚好和世界的潮流合拍了。对未来，我们认为信息经济不可能再回复到狂热的年代。
>
> 因此，信息产业只能重新走到传统产业的道路上来，它不会长期是一个新兴产业。信息产业由于技术越来越简单，技术领先产生市场优势不再存在，反过来是客户关系和客户需求。市场部、研发部、公司的各部门都要认识到这一点。大家要团结起来一起为公司的生存而奋斗。

19 年过去了,AT&T 已经不复存在了,昔日的大象们尽显疲态,或已消亡。华为这只蚂蚁、这只老鼠演进成了大象,华为还能如蚂蚁那样"不敢睡觉"、戒惧戒惕,如老鼠那样灵动、并具备顽强不息的适应能力吗?

2015 年,任正非依然提醒大家,要明白华为不是万能的,一只蚂蚁被大象踩死,却是可能的,没有什么稀奇的。在主航道外,争做鸡头的方法是不好的。

蚂蚁能够战胜大象,是因为它有着这样的哲学,而这些哲学正是华为人所具备的:

永不放弃。如果你设法阻止它们奔向某个地方,它们就会往上爬,从地下钻或者绕行,直到找到另一条路线。蚂蚁从不放弃寻找,奔向自己的目的地。

未雨绸缪。蚂蚁在夏天就为冬天作打算。多么深刻的洞察力!蚂蚁从来不会天真地认为夏天会永远持续下去,所以即使在盛夏,它们也积极地为自己储备冬天的食物。

乐观进取。蚂蚁在冬天里想着夏天。整个冬天,蚂蚁都在提醒自己:"这样的日子不会持续太久。"蚂蚁不会一味地等待,它们会在气温变化的第一天就出去活动。

全力以赴。蚂蚁会竭尽全力储备尽可能多的食物,多么令人叹服的精神!

这就是蚂蚁哲学的全部。

艰苦奋斗：勇士蜘蛛

"世界上我最佩服的勇士是蜘蛛，不管狂风暴雨，不畏任何艰难困苦，不管网破碎多少次，它仍孜孜不倦地用它纤细的丝织补。"任正非所讲的就是蜘蛛的艰苦奋斗精神。华为就是用艰苦奋斗的精神来抵御寒冬的。不仅如此，艰苦奋斗已成为了华为的价值观。

第一阶段的艰苦奋斗

被任正非称作"软件大师"的张云飞，在华为工作了 7 年多，一直主持软件开发。最初几年，他几乎天天工作、睡觉都在办公室。一个大办公室靠墙的地上，铺着十几个床垫，类似统一的大通铺。也没有人规定上下班时间，但人人都加班到深夜，而张云飞则要在大家睡觉后，把每个人修改的代码审查一遍，然后重新整合在一个版本里，再上机加载测试验证一下后发布出来。这时候差不多天也亮了，张云飞才去睡觉。长时期的晨昏颠倒，使他患上了重度失眠症……

奋斗一定是有代价的。华为现任、离任的一批"创始元老"、高层管理者都有长年依赖安眠药才能入睡的经历……

华为的 20 多年经历了两个世纪。在 20 世纪的最后 12 年，华为尽管面对的是"知识工作者"群体，但相对而言，他们仍是传统中国文化背景下成长起来的一代知识分子。"艰难困苦，玉汝于成"的艰苦奋斗哲学是中华民族的千年积淀，以艰苦奋斗为内核的雷锋精神曾经影响了几代人、10 亿人。20 世纪最后 12 年的华为员工无不是在这样的文化熏陶下成长起来的。

1991 年 9 月，50 多名华为人在深圳原宝安县蚝业村工业大厦三楼开始了创业之路。"一层楼既是生产车间、库房，又是厨房和卧室。十几张床挨着墙边排开，床不够，就用泡沫板，在上面加床垫代替。无论是领导还是普通员工，累了睡一会儿，醒来接着干。"一位老华为人这样回忆起当初的情况。华为给外界"魔鬼"般的印象就是来自于华为研发人员的工作方式。

华为一位高管曾对华为的奋斗精神如此解释道："创业初期，我们的研发部从五六个开发人员开始，在没有资源、没有条件的情况下，秉承（20 世纪）60 年代'两弹一星'艰苦奋斗的精神，以忘我工作、拼命奉献的老一辈科技工作者为榜样，大家以勤补拙，刻苦攻关，夜以继日地钻研技术方案，开发、验证、测试产品设备……没有假日和周末，更没有白天和夜晚，累了就在地板上睡一觉，醒来接着干，这就是华为'垫子文化'的起源。虽然今天床垫主要已是用来午休，但创业初期形成的'垫子文化'记录的是老一代华为人的奋斗和拼搏，是我们宝贵的精神财富。"

华为一位员工曾说："过去，垫子是努力工作的象征。这一理念今天已经演变为将每项工作都做到极致的奋斗精神。"

2006 年，任正非向华为人推荐了一篇报道：《不眠的硅谷》，为的是让华为人真正体会到什么是美国人的奋斗精神。

《不眠的硅谷》写道："这些编程人员、软件开发人员、企业家及项目经理坚守'睡着了，你就会失败'的信条，凭着远大的理想，借助大杯大杯的咖啡，他们会坐在发出荧荧光线的显示屏前一直工作到凌晨四五点，有时甚至到 6 点，而不是舒舒服服地躺在床上。这就是参与超越时区的国际市场的代价：每天都有新的起点，不断狂热地开发着'互联网'技术……""工作到深夜几乎是今日硅谷中大约 20 万高科技大军统一的生活方式，那些按照传统日程工作的人，每天有两个交替的时段，而在高科技工业园的停车场里，可能在凌晨 3 点还依然拥挤不堪。而许多把黑夜当作白天的人，会在夜里把家中的计算机联到办公室的网络上……"[1]

第二阶段的艰苦奋斗

华为人常常谈"艰苦奋斗"，把这几个字挂在嘴边，可是什么才是真正的"艰苦奋斗"呢？怎样才能真正做到"艰苦奋斗"呢？一位华为人有着这样的观念转变："刚开始我认为加班就是'艰苦奋斗'。那段日子里，我经常加班到深夜，周末也不休息，天天开开心心地过着'两点一线'的小日子。当然，并不是说我都在加班磨洋工，我也是在实实在在地做事。由于自己知识经验比较少，我很愿意多花一些时间和精力

---

①田涛，吴春波. 下一个倒下的会不会是华为 [M] 北京：中信出版社，2015.

让自己更快成长，更好地完成交付。因此，我得到了部门主管的认可，这又更加坚定了我'只要肯吃苦，在公司就能站得住脚'的想法。那时候的我，简单、甚至是鲁莽地认为'艰苦奋斗＝加班'。

"直到我成为 PL（项目组长），第一次参加集体评议，当我反复强调项目组某某加班到很晚，所以希望能给予好一点的考评结果时，我的主管立即告诉我，评价一个人不是看他辛不辛苦、累不累，而是看他最终在工作中交付的成果。于是我不再争辩，同时也颠覆了我对'艰苦奋斗'的认识。我又再次对艰苦奋斗做了定义，'艰苦奋斗≠加班'，艰苦奋斗是要结合绩效来考虑的，再怎么加班，如果最终工作的交付不好看，那是不会被认可的。"

长期艰苦奋斗不会变

任正非表示，华为长期艰苦奋斗的文化是不会变化的。这不是中国特色，这是人类特色。第一，你要成功，就要奋斗。第二，你要想吃饭，就得要做工，没人为你做马牛。凭什么你享乐的时候，让我们挣钱养活你啊？

华为全球员工约 17 万，员工身后的家庭人员多达几十万人。正是因为华为人的家人们的默默付出，才成就了华为人的奋斗，成就了华为的发展壮大。任正非坦言，华为给员工的家人的奖励面太窄，希望每位员工春节回家能向家人表达真诚的热爱：给太太、先生洗个脚，给爸爸妈妈洗个脚。

2009 年，一名华为刚派驻西非的产品经理描述道："来到海外后，才切身体会到什么叫'宝剑锋从磨砺出，梅花香自苦寒来'。"他目睹并亲身感受到华为人是如何在贫困、恶劣、单调乏味、疟疾横行的工作环境下坚持工作，凭着惊人的吃苦耐劳精神和坚强的意志力，用辛勤的双手，做出优秀的工作业绩。

华为的海外员工如此艰苦奋斗，他们的家人过得怎么样？在一篇刚果代表处家属团的肯尼亚游记中，我们找到了答案。在这篇游记中，编者这样写道："刚果代表处英雄的太太到世界顶级度假区马塞马拉度假，到刚果北部看金刚，到迪拜购物，去往津巴布韦看世界第一大瀑布……英雄的家人们，为拓展视野，为传播文明，在130多个国家的土地上留下快乐的足迹。"

华为人主观上为了自己与家人的幸福而努力，客观上为了国家、民族、公司去奋斗。这种主客观的统一，构成了华为人丰富多彩的奋斗人生。

生存：狼性精神

"谁能忍受别人忍受不了的痛苦，谁就能走到别人的前面。"个人的成长、企业的发展，无不都反复验证着这一逻辑。华为人从来都相信，天上不会有馅饼自动掉下来。1994 年，华为第一次参加在北京召开的中国国际信息通信展，其展台上赫然写着："从来就没有什么救世主，也不靠神仙皇帝；要创造新的生活，全靠我们自己。"这正是华为过去和现在的真实写照。

从 1992 年开始，华为在 GSM 上先后投入了 16 亿元研发经费，在 1998 年就获得了全套设备的入网许可证。但中国市场的网络版图被摩托罗拉、爱立信等西方公司垄断，华为只能在一些边缘地带获得极有限的无线市场份额。打拼了 8 年，在国内华为连成本都收不回来。华为只能被迫走向世界，开始并无太大把握的国际化扩张之路。

华为一直在四面合围的"窄胡同"里左冲右突，奋力前行。在没有多少转圜余地的绝境，只能为求生而与对手拼死一决，在看起来谁都赢不了的战斗中，忍耐到最后才能获胜。所谓的"狼性文化"就是这样逼出来的。[①]

任正非关于"狼文化"的表达是在 1995 年。但这些年，华为不大强调"动物精神"了，那是否意味着华为不再需要"狼文化"了？或者更准确地说，在抽掉了"狼文化"的概念之后，华为依然拥有敏锐的嗅觉、强烈的进攻性、合作以及个人牺牲精神？换句话说，成为全球行业第二的华为，还有 10 多年前那种激情、那种士气，那种战斗力以及那种快速反应能力吗？

华为在流程变革之后，推崇群体英雄的做法没有错，但华为真的不需要"小狼式"的个人英雄了？当华为进入企业网领域之后，一线指挥的将军们将会发现，这会是华为文化的一块"短板"，但曾经，"个人英雄"是华为文化最长的那块"木板"。

在国际市场上，华为与竞争对手们达到了脆弱的"恐怖平衡"，那是靠合作与妥协的商业外交实现的，但更是靠产品实力、技术实力以及前方将士不妥协的进攻精神打出来的。在这个凭实力说话的时代，不进则意味着退。靠什么前进？奋斗精神，或者叫"动物精神"。

初创阶段的华为，不论是人力、物力，与其竞争对手们相比都没有优势。任正非本人对狼的精神十分认可，为了摆脱困境，站稳脚跟，华为选择了向狼学习。任正非曾对土狼时代的华为精神作了经典概括：发展中的企业犹如一只狼。

我们把目标瞄准世界上最强的竞争对手，不断靠拢并超越它，才能生存下去。因此，公司在研发、市场系统必须建立

---

①田涛，吴春波.下一个倒下的会不会是华为［M］北京：中信出版社，2012.

　　一个适应"狼"生存发展的组织和机制，吸引、培养大量具有强烈求胜欲的进攻型、扩张型干部，激励他们像狼一样嗅觉敏锐，团结作战，不顾一切地捕捉机会，扩张产品和市场。同时，培养一批善统筹、会建立综合管理平台的狈，以支持狼的进攻，形成"狼狈之势"。狈在进攻时与狼是形成一体的，只是这时狈用前腿抱住狼的腰，用后腿蹲地，推狼前进。但这种组织建设模式，不适合其他部门。

　　对华为前 10 年所谓的"狼性文化"，社会有误解。华为向狼学习的 3 个品德：敏锐嗅觉，早一些感知客户需求、技术进步；不屈不挠，正是硅谷精神；以群为组，实际就是团队合作。华为从没提倡过狼性的凶残。

　　具体地讲，首先，就是要及时发现可随时存在的任何商机，并做出正确的判断，对于真正的机会即使破釜沉舟也绝不错过，反之则能够如勾践一样卧薪尝胆。抵制住各种诱惑，耐心等待时机；其次，对于确定的目标，不管如何困难，必须如狼一样具有进攻精神，未达目的誓不罢休，甚至不择手段，并坚持到底；再次，为了达成共同的目标，团队要具有狼一样的协作精神，做到分工明确、默契配合。

　　任正非带领着华为狼群，与市场中的豹子、狮子拼杀，将企业的狼性表现得淋漓尽致，屡建奇功。在业界，华为闻名遐迩。在跨国公司占尽优势的情况下，华为依然不断成长，因为它更有成功的欲望，更执着地追求发展，采用市场中尽可能有效的战术，常常以集体战的发展，斗过了强大若干倍的对手，找到了生存之法。

　　"狼性文化"一直存在于华为早期创业阶段，只是没有被提炼出来。

在华为内部，任正非对"狼性文化"第一次，也是唯一一次系统阐述，是 1990 年代初期，他与美国某著名咨询公司女高管的一次会谈。

"那天整个是谈动物。任总说跨国公司是大象，华为是老鼠。华为打不过大象，但是要有狼的精神，要有敏锐的嗅觉、强烈的竞争意识、团队合作和牺牲精神。"《华为公司基本法》的起草者之一吴春波回忆说。

作为上述会谈的会议记录者，吴春波将会议纪要的题目整理成《建立一个适合狼生存的机制》，后来改成了《建立一个适合企业发展的机制》。他解释道："任总对'狼性文化'讲得不多，华为还是比较反感狼性文化的提法。"

但后来，"狼性文化"还是贯穿到华为内部了。据称，1997 年一个会议上，任正非特别称道"狼"和"狈"的攻击组合。在任正非讲完之后，华为市场部就提出一个"狼狈计划"——狼狈一片，一线的是狼，其他职工是狈，提供相应的资源，一线和二线紧密配合。如今，虽然那项计划已取消，但"狼性"却被作为华为精神延续下来。

1996 年，华为公司与美国著名的合益公司合作实施人力资源管理变革。当合益公司的专家问及任正非之前是如何发现企业优秀员工的，任正非说道："我永远都不知道谁是优秀员工，就像我不知道在茫茫荒原上到底谁是领头狼一样。"

虽然不知道谁会是领头狼，但是任正非的用人观很明确，就是要选拔具有"狼性"的人才。而为了培养具有"狼性"特质的人才，任正非提议华为要构筑一个宽松的环境，让大家去努力奋斗。这样，当新机会出现时，自然会有一批领袖站出来去争夺市场先机。他说：

我用一个典型的例子来说明，狼是很厉害的。它们有灵敏的嗅觉，有很强的进攻性，而且不是单独出击，而是群体作战，前赴后继，不怕牺牲。这三大精神，就构成了华为公司在新产品技术研究上领先的机制。我们按这个原则来建立我们的组织，因此，即使暂时没有狼，也会培养出狼，或吸引狼加入我们中间来。也就是说，我们事先并不知道谁是狼，也不可能知道谁是狼，但确立了这个机制，好狼也会主动来找我。有了一个好狼，就会有一群好的小狼。

那时，任正非宏大的理想与煽动性的语录口号、运动式的内部交流方式，成为艰难环境中，华为这个土狼群体拓展生存空间最有效的方式。华为市场部人员具有可怕的进攻性，由于任正非一直提倡的拼搏精神和以身作则，华为市场人员为了合同可以不回家过年，老婆孩子都顾及不上。而研发人员也是一有任务立即顶上去通宵不眠。这种在后来者看来属于非良性的市场手段，却是华为得以快速成长起来的法宝。

任正非曾用"英雄"这个词来形容这些华为人："华为是由无数无名英雄组成的，而且无数的无名英雄还要继续涌入，他们已在创造历史——华为的光辉历史。我们永远不要忘记他们。当我们产品覆盖全球时，我们要来纪念这些为华为的发展贡献了青春与热血的人。"

为了不辜负"英雄"这个称谓，为了华为的生存，为了华为能达到业界最佳，包括任正非在内的华为高层领导牺牲了自己的健康，后来者也不断在损耗自己的生命。

如果就华为文化的特征询问 10 个人，也许有 9 个人都会说是"狼性文化"。可见"华为文化 = 狼性文化"的认知已经深入人心。但事实上，"狼性文化"是任正非在 1998 年之前提及的定义，而在 2000 年之后他已经很少正面强调这个概念了。

然而，事实证明，华为人向狼的学习是卓有成效的。在短短 10 年时间内，华为就从一家注册资本只有 2.1 万元的小企业迅速成长为销售额超过 26 个亿的国内通信产业巨头，而"狼"文化也在这个企业当中生根发芽，影响着一代又一代的华为人，成为华为的标志。

一个企业在早期发展中不要怕混乱，只要混乱程度不会导致企业垮台。企业还是要更多地强调活力、进攻精神、"狼性文化"。

经过 10 多年的管理变革，华为已经形成了行之有效的一整套制度与流程，这对提升华为的管理能力、防止组织崩溃、进军国际市场起到了巨大作用。然而，这还是那个适合"狼"生存和发展的组织和机制吗？与 10 多年前那个"小狼"相比，华为的艰苦奋斗精神是强化了，还是弱化了？

2011 年年末，任正非满怀信心地说：明年（2012 年）我们将招聘 28000 名新员工。3 年后，他们就是 28000 只老虎……

速度：羚羊要比狮子更快

以下是任正非 2012 年年初，在欧盟一次高峰会上讲话的开场白。

羚羊要跑得比狮子快，才不会被狮子吃掉；狮子要跑得比羚羊快，才不会被饿死；但如果羚羊和狮子跑得一样快，两者都会累死。竞争的目的，是为了在有限的资源下，为社会提供优质的服务。我们是支持竞争的，因为它有利于社会的发展，有利于促进要素的组合效率，有利于创造更多的财富。但过度的竞争，也会对产业和资源产生破坏。竞争中也要合作，例如在标准的拟定，IPR（知识产权）的交叉许可，配套零部件的共享等方面，同时又要有适当的合理保护，特别是对知识产权和建设投资的保护。因此，开放、竞争、合作应该相辅相成，成为主流。

在高科技行业，由于产业遵循摩尔定律——集成电路芯片上所集成电路的数目每隔 18 个月就将翻一番——技术的保鲜期大大缩短。作为后发者，华为追赶的秘诀无他，唯有"比别人付出更多"。

回首华为 28 年的发展史不难发现，华为和任正非的成功本身就是当代商业史上的奇迹。1987 年，43 岁的任正非白手起家，利用两台万用表加一台示波器，在深圳的一个"烂棚棚"里开始华为的起步。28 年后，华为已经成为产品遍布五大洲，销售半径超过 100 多个国家的通信领域全球领导者。

按照华为的规划，2016 年的挑战营收是 818 亿美元。这个体量的公司，ICT 产业基本没有几家。更何况，现在千亿美元左右的传统 IT 公司过得并不好。原因之一是，体量越大，业务越分散，保持高速增长也越难。

这可能是华为未来几年会遭遇到的难题。

从这几年华为的转型来看，运营商、企业 BG 和消费 BG 三大架构稳定。运营商稳步增长；企业 BG 获得认可，成为主流玩家，开始盈利；消费 BG 一骑绝尘，开辟新的市场，并预计收入过千亿美元，势头较猛。

2015 年 3 月，华为首次在国内智能手机领域以 13.57% 的份额占据第一名，其次是苹果和三星。面对国际电信巨头的挤压和围剿，华为的成功本身就是一个神话。

任正非在撰述的一篇文章《北国之春》中描述华为："华为像一片树叶，有幸掉到了这个潮流的大船上，是躺在大船上随波逐流到今天，本身并没有经历惊涛骇浪、洪水泛滥、大堤崩溃等危机的考验。因此，华为的成功应该是机遇大于其素质与本领。华为只是在成长。"

任正非认为，华为的成功得益于两个方面的原因：

华为的发展得益于国家政治大环境和深圳经济小环境的改变。如果没有改革开放，就没有我们的发展。深圳 1987 年

18号文件明晰了民营企业产权。没有这个文件，我们不会创建华为。后来，华为发展到一定规模时，我们感到税负太重，很多同事说把钱分了算了。这时深圳出了"22条"，提出投资先不征税，等到收益后再征税，实行了好几年。这个时候我们就规模化了。

华为坚定不移28年只对准通信领域这个"城墙口"冲锋。我们成长起来后，坚持只做一件事，在一个方面做大。华为只有几十人的时候就对着一个"城墙口"进攻，几百人、几万人的时候也是对着这个"城墙口"进攻，现在十几万人还是对着这个"城墙口"冲锋。密集炮火，饱和攻击。每年1000多亿元的"弹药量"炮轰这个"城墙口"，研发近600亿元，市场服务500亿元到600亿元，最终在大数据传送上我们领先了世界。引领世界后，我们倡导建立世界大秩序，建立一个开放、共赢的架构，有利于世界成千上万家企业一同建设信息社会。

延伸阅读

离埃博拉最近的华为人

人生总面临着这样那样的选择，而我们总在这样的"路口"做出当时自己认为最正确的决定。2007 年，我在华为工作 5 年之后选择了离开。从那以后，我就像个迷失的孩子，经历得越多，就越想回华为。在很多次申请之后，2014 年 2 月，我终于回"家"了。怀着一颗感恩的心，我主动要求到西非常驻。

初到塞拉利昂

在加纳工作了一个月，6 月底的一天，代表处主管把我叫到办公室，告诉我代表处希望我能去负责塞拉利昂的工作。虽然这是一个小国，但运营商、企业网以及终端业务都要去做，非常考验综合能力。

7 月 4 日，我到达塞拉利昂首都弗里敦，如果看过电影

《血钻》就可能知道这个地方。我在日记中写道："第一次踏上塞拉利昂的土地，从机场出来要乘二十几分钟快艇去对面的城区，风光不错，随随便便就能拍出艺术片的感觉。"

和前任客户经理做完工作交接后，我就去见客户了。当时，这个国家已经出现了埃博拉病毒，但是在弗里敦，歌照唱舞照跳，客户也都不相信这是真的。毕竟是一国之都，弗里敦是安全的。

7月下旬，弗里敦出现了患者，学校停课，娱乐场所停业。城里到处张贴标语"EBOLA IS REAL（埃博拉来了）"，街头出现WHO（世界卫生组织）的流动宣传车，告诉人们如果出现各种疑似症状应该去医院检查。

由于国家出现疫情，所有运营商的业务量比去年激增2～3倍，我跟客户在一起的时间越来越多。客户也采取了各种预防措施，与我们见面的时候甚至都不再握手了。但是经常大家聊着聊着又开始握手，习惯了的事情哪可能说改就改。只要客户伸出手，我都不会犹豫，马上握上去。

必然的选择

由于对疫情的恐慌，很多外国人开始撤离。在这期间，我只要出现在客户办公室，对方的第一句话往往都是"你怎么还在，我以为你走了。"我很享受客户的这句话，有种淡淡的自豪感。良好的客户关系不仅需要日常积累，更需要关键事件的提升。

由于华为的坚守，我们满足客户需求的速度丝毫没有受到疫情的影响。而且，我们与客户肝胆相照，共同进退，更赢得了客户的信任和尊重。

A 运营商全网是某友商设备，2014 年刚投入运营。8 月下旬，该友商两名代维工程师不辞而别，友商向客户解释这是"个人人权决定"。8 月底，该友商全部撤离，改现场代维为远程支持。

客户 CEO 把我叫过去，对我说："反正他们人都不在了，你们全搬了吧。"在塞拉利昂，运营商的高层基本上都是外国人，这位来自爱尔兰的 CEO 刚把因为疫情而不愿按时返塞的 COO（首席运营官）直接辞退。他说，"作为一个外国人，既然决定来非洲工作，就应该有面对这种环境的心理准备。"9 月初，他说服了董事会，让华为在二期扩容的方案上加上全网搬迁方案。

B 运营商全网都是另一家友商的设备，华为在 2014 年年初争取到了参与的机会。客户的 CTO（首席技术官）对技术方案细节非常关注。疫情期间，华为先后有两批解决方案经理来塞拉利昂澄清方案。现网友商以疫情为理由，反应迟钝，最后客户的 CTO 连递交 OFFER 的机会都没有给该友商。现在，我们与客户的全网搬迁谈判已接近尾声。

一天早上，客户 CEO 打来电话，说他的人力资源总监早上在办公室突然病倒，希望我们能带她去中塞友好医院诊断。和医院联系后，我马上去客户那边接病人。她是塞拉利昂人，40 岁左右，去医院的时候坚决不坐我们的车。到达医院后，经过医生的全面检查，排除了感染的可能，下午治疗后，病情好转。回来时，她主动提出和我乘同一辆车。一切尽在不言中。

两张机票

我们在塞拉利昂只有 4 个人：厨师小张、我，还有两个来支持项目的加纳员工丹尼尔和以马利。8 月中旬，丹尼尔和以马利完成了各自负责的项目，准备回国。以马利是刚毕业的年轻小伙，这是他第一次出国、第一次离开家那么久，非常想家。

由于原来定的肯尼亚航空舱位紧张，只能改到 9 月初的航班。但 8 月 17 日肯尼亚航空突然宣布停飞。听到这个消息之后，丹尼尔提出帮他们安排一辆车，走陆路回加纳。我直接把这个提议给否决了：经过塞拉利昂疫区，再经过几内亚，没有可行性。我安慰他们，肯定会想办法让他们返回加纳。我向代表处汇报后，代表处立即开始为他们预订其他航空公司的机票。这个时候机票已经是一票难求，代表处向地区部求助，地区部又向机关求助，最终在香港订到了 20 日从塞拉利昂飞巴黎转加纳的法航航班，而且只有商务舱。本来两小时的旅程，现在要飞 24 小时。

第二天一早，我告诉他们，公司订了商务舱让他们返回加纳，他们俩激动地马上给家里人打电话。

8 月 19 日下午，以马利突然满头大汗地跑来找我，说自己发烧了。看他情绪波动比较大，我让他坐下来，给他一根体温计量体温。5 分钟后，他拿出水银体温计，却不会看。我准备拿过来帮他看一下读数，他拒绝了，说自己手上有汗水，万一是埃博拉就会传染给我。我听了一愣。其实他每天工作两点一线，只接触客户和同事，而且客户那边也没有传出任何病情，所以得感冒或者疟疾的可能性比较大。

这样折腾了一会儿，我一把抢过来温度计，一看 37.2 度，烧得不高。我安慰他说是感冒不用担心，给了他板蓝根和感康，让他把药吃了观察一个晚上。第二天，他退烧了，这意味着他可以照常登机。

20 日下午，他们兴冲冲地出发去机场。但到了傍晚，丹尼尔打电话给我，说法航拒绝他们登机。原来法国出了新规定，有 5 个国家（包括加纳）的公民在巴黎转机要中转签，无可奈何中，他们只能回来。塞拉利昂没有法国大使馆，法航是指望不上了。一切又要从头再来。当晚获悉中国商人包了架飞机，第二天从加纳中转回中国，我马上给他们订了两个位。但由于加纳拒绝该机降落，包机又被迫取消。

面对这样的坎坷经历，两位加纳同事反而变得平静了，心中很感激公司为他们做出的各种努力，表示愿意留下来，安心等待疫情结束。然而，代表处没有放弃让他们早日回家的努力，在23日终于订到了摩洛哥航空的机票。出发的那一天，丹尼尔专门去市场买了一麻袋红薯和两只鸭子送给我。我收下了，这个时候说啥都多余，只是和他约好，等他下次再过来的时候一起打牙祭。28日，他们平安回到加纳，在家隔离21天之后正常上班，而那两只鸭子已经开始下蛋了。

我们为什么坚守

丹尼尔和以马利离开后，办事处就剩下我和厨师张师傅。张师傅是河南人，年纪比我小一些。我经常和张师傅开玩笑说，我的待遇太好了，全公司可能也没有多少人能配专职厨师。随着疫情越来越严重，领导多次让我跟张师傅沟通，如果他想离开就提出来，公司会给他订票。他总是回答："你不走我就不走，总得有人做饭吧。"

塞拉利昂通信非常不发达，通信费用昂贵，为了保障网络畅通，代表处为我们安装了宽带，尽管月租要 1000 多美元。为了保证我们的生活质量，给我们配置了中国厨师；为了丰富我们的业余生活，给我们安装了卫星电视。

中午吃过午饭，只要有空，我和张师傅都会和国内的家人视频，用的是华为建设的 3G 网络。疫情刚开始的时候，家人也很担心，但我坚持让家人每天都看见我的笑脸，告诉他们公司提供的各种保障措施。渐渐地，他们担心变成了鼓励。9 月初，经过和家人沟通，我和张师傅发联名邮件给代表处领导，表达了坚守阵地的意愿。如果没有家人的理解和支持，我不能坦然面对这场危机。

但我们从来就不是孤独地战斗。在疫情暴发的这几个月，只要客户有需求，就会有主管和同事飞过来支持，有代表处的、有地区部重大项目组的、有重装旅的、有运营商解决方案的、有企业网解决方案的、有服务解决方案的，还有技术服务的。

天道酬勤，10 月，我们成功签下 N 项目，金额 ×× 万美元；11 月，拿到 B 运营商的首个订单，实现历史突破，并一举奠定未来几年该产品在 B 运营商的全份额市场格局。

乌云背后的幸福

幸福是什么？我觉得自己是幸福的，父母健在、有亲密的爱人、可爱的女儿、和谐的家庭、理想的工作、亲密的战友。在塞拉利昂的这几个月，我终于理解到，平凡和精彩，就像手心和手背，翻过来是平凡的本职工作，翻过去是精彩的人生。面对疫情，从忐忑不安到从容平静，我相信任何一位华为人，在经历了我所经历的这一切之后，都不会后悔自己选择了"坚守"。

清晨，第一缕阳光照进房间，雨季即将结束，乌云最终也将散去。我，一个普通的华为人，继续前行，去追逐梦想。

（本文摘编自《离埃博拉最近的华为人》，作者：龙峰，
来源：华为心声社区，2014）

［1］田涛，吴春波.下一个倒下的会不会是华为［M］.北京：中信出版社，2015.

［2］彭剑锋.任正非：华为人才非常之道［J］.中国经济时报，2013.

［3］陈明.华为如何有效激励人才［J］.商业财经，2006.

［4］王玲.华为干部如何做到"能上能下"［J］.决策参考，2013.

［5］激励·规范·关怀——谈新外派补助制度［J］.华为人，2008.

［6］大卫·德克莱默，田涛.任正非：不要停留在过去，擅与竞争对手合作［OL］.新浪网，2015. http://tech.sina.com.cn/t/2015-11-04/doc-ifxkhqea3013780.shtml.

［7］华营私塾.十六字探寻华为薪酬管理之道［OL］.搜狐，2015. http://mt.sohu.com/20150716/n416890494.shtml.

［8］华为如何与奋斗者分享利益［OL］.环球人力资源智库，2014. http://www.ghrlib.com/bmk/6767.

［9］以奋斗者为本：朴素的思想造就了伟大的企业［OL］.中华网文化，2014. http://culture.china.com/zx/11160018/20141222/19133122_1.html.

［10］华夏基石e洞察.华为的初始逻辑、成长逻辑与终极逻辑［OL］.搜狐，2016. http://mt.sohu.com/20160515/n449570757.shtml.

［11］金融观察室.华为靠的是一个个奋斗者，而不是老好人［OL］.搜狐，2016. http://mt.sohu.com/20160617/n454907945.shtml.

［12］龙峰.离埃博拉最近的华为人［OL］.华为心声社区，2014.

http://www.c114.net/news/126/a875153.html.

[13] 陈新焱. 华为员工必选题: 做奋斗者, 还是劳动者 [OL]. 南方周末网, 2010.

http://www.infzm.com/content/53863.

[14] 揭秘华为 "获取分享制" 面纱 [OL]. 环球人力资源智库, 2014.

http://www.ghrlib.com/hrm/9527.

只有奋斗者才是企业的真正财富，华为公司的本质就是一个以奋斗者为本的文化体系。

在《任正非：以奋斗者为本》的写作过程中，作者查阅、参考了大量的资料和作品。由于种种原因，部分资料和作品未能注明资料来源并支付稿酬，希望相关版权拥有者见到本声明后及时与我们联系，我们将按相关规定支付稿酬。在此，对他们表示深深的歉意与感谢。

由于编者水平有限，书中不足之处在所难免，诚请广大读者指正。同时，为了给读者奉献较好的作品，本书在写作过程中的资料查阅、检索搜集与整理的工作量非常巨大，需要许多人同时协作才能完成，我们也得到了许多人的热心支持与帮助，有赵俊明、游水福、李永艳、王海坤、陈想求、赵志华、陈瑞专、李宝贵等人，感谢他们的辛勤劳动与精益求精的敬业精神。

在本书创作过程中，我们得到了众多管理同行和华为员工的帮助，在此一并表示感谢!

最后,我们衷心希望本书能够为读者带来切实的帮助。如果你发现本书中的不足之处,也请向我们提出宝贵的意见和建议。